親子で学ぶ Scratch 学習ドリル

どすこい！
おすもう
プログラミング

入江 誠二 著
イラスト くにともゆかり

玄光社

プログラミングの世界へようこそ

みんながつかっているコンピュータはなんだろう？　スマホやタブレット？　それともお父さんやお母さんのパソコンかな。では、そのコンピュータをつかうとき、どうやって「指示」を出しているだろう。画面を指でタッチする？　マウスでクリックする？　文字を入力して検索をするという人もいるかもしれない。しかし、もしそれだけだとしたら、それはほんとうにもったいないことだ。コンピュータは、「指示」のやりかたしだいでもっといろいろなことをさせることができるんだ。その指示を、コンピュータのわかる言葉で出してあげること…それが「プログラミング」なんだ。

Scratchをつかうと、コンピュータに君のやりたいことを「指示＝プログラミング」して、アニメーションをつくったり、音を出したり、ゲームをつくったりすることができる。頭の中で思いついたものをプログラミングでつくれるようになれたら、きっと楽しいんじゃないかな？この本は、はじめてプログラミングにちょうせんする人が、すもうの新弟子が横綱をめざすように、だんだんとステップアップしていける内容になっている。本書に登場するキャラ「すもうくん」といっしょにプログラムをがんばっていこう！

お父さま お母さまへ

筆者はプログラミング教室を始めて4年になります。当初は小学生高学年以上を想定して募集をかけていましたが、今では4年生以下の生徒が半数以上を占めています。2020年の小学校におけるプログラミング必修化を前に、保護者の皆さんの関心が「早い時期からプログラミングを」と、高まりつつあるのでしょう。

プログラミング教室で、小学生のおおくが最初に取りくむのが本書でとりあげている「Scratch」です。このScratch、とっつきやすく、学びやすい優れた教材であるものの、子どもたちがやりたいことを優先すると、早い段階から難しい点が出てきます。おおくの生徒がハマる「落とし穴」も待ちうけています。本書はなるべくわかりやすく、その穴を先回りしてふさぐことを心がけて作成していますが、お子様だけでは難しくなってきたと思われたら、ぜひ本書内のキャラクターである「親方」として、参加してあげてください。なおその際には、各章の最後に掲載している保護者の方向けのコラムも参考にしていただければと思います。プログラミングの世界は、小さな達成感を積み重ねていくことで、お子さんの中で大きく広がっていきます。ぜひ、一歩ずつ、ともに進んでいただければと思います。

もくじ

プログラミングの世界へようこそ ………………………………………… 2

お父さま お母さまへ …………………………………………………… 3

無料でつかえるプログラミングソフト Scratch のつかいかた …… 8

ユーザー登録とサインアップをしよう ……………………………… 10

プログラミングの横綱をいっしょにめざそう! ……………………… 12

Flash をつかうさいの注意点 ………………………………………… 12

レベル 1 入門 Scratch の基本と そうさ方法をまなぼう …… 15

1問目 ブロックを動かすことができるかな? ……………………… 16

2問目 ブロックをつなげたりはなしたりしてみよう ……………… 18

3問目 ネコを動かすためのブロックはどこにある? ……………… 20

4問目 動きだしたプログラムはどうとめる? …………………… 22

5問目 スクリプトを保存するにはどうしたらいいかな? ……… 24

6問目 キャラがそれぞれ会話するようすをつくるには? ……… 26

7問目 ネコを左右に動かすにはどのブロックをつかう? ……… 28

8問目 「座標」をつかってスプライトを動かせるかな? ……… 30

9問目 つかわなくなったブロックを「そうじ」できるかな? …… 32

コラム 保護者の皆様へ❶
プログラミング 2つの学び方 ……………………………… 34

レベル2 幕下　音や動きの効果をつける … 35

1問目	キャラを歩かせるにはどんな機能をつかう?	36
2問目	背景がつぎつぎに切りかわるようにしたい	40
3問目	ネコに「ワン」と鳴かせることができるかな?	42
4問目	スクリプトの動きをいったんとめるには?	44
5問目	スプライトの大きさをあやつることができるかな?	48
6問目	スプライトをふわーっと消すほうほうがわかるかな?	50
7問目	クリックしてキャラを消すゲームをつくれるかな?	54
8問目	見えないスプライトを表示させるには?	56
9問目	2つの動作を一度にさせるには、どうしたらいい?	58

コラム　保護者の皆様へ❷
絵や音に好きなものを使う … 62

レベル3 十両　「制御」や「調べる」をつかってみる … 63

1問目	矢印キーでスプライトを動かせるかな?	64
2問目	「もし〜なら〜」でスプライトを動かすには?	66
3問目	座標をつかって動きをコントロールできるかな?	68

4問目	サイコロの目をかえるにはどんなブロックをつかう?	70
5問目	はみだし禁止! 線の上をたどるスクリプトをつくれ!	74
6問目	おいかけっこするためのブロック設定のポイントは?	78
7問目	弾を発射する場所をどうやって指定する?	80
8問目	ぶつかったときに1度だけ音を鳴らしたい!	84
9問目	会話式の質問スクリプト そのポイントとなるのは?	88

コラム **保護者の皆様へ❸**
まだ学校で習っていないけど… 92

レベル 4 幕内

変数とクローンをつかいこなせ
93

1問目	ぶつかったときのおかしな動きをなおそう	94
2問目	怪奇現象⁉ マウスの大量クリックを解決せよ!	98
3問目	とくてんを記録するスクリプトをどうつくる?	100
4問目	正しい順番でさわったときだけ正解にするには?	106
5問目	大量のリンゴがふりそそぐスクリプトをつくりたい	110
6問目	クローンの中の1つだけを当たりにするには?	114
7問目	クローンでメッセージをつかうときのトラブルとは?	118

コラム **保護者の皆様へ❹**
わからないことが出てきたら? 122

レベル 5 三役
アルゴリズムをつくりだそう … 123

1問目 自動で正三角形を描くスクリプトをつくるには? … 124

2問目 大量の変数をあつかうリスト。その入力方法は? … 130

3問目 リストをつかって干支を答えるスクリプトをつくる … 134

4問目 4つの数字をランダムにならべるにはどうしたらよい? … 138

5問目 ヒットとブローを計算するアルゴリズムのポイントは? … 144

（コラム）**保護者の皆様へ❺**
プログラミングには向いてないかも? … 150

レベル 6 横綱
ゲームづくりにちょうせんしよう … 151

1問目 地面にうまってしまったキャラクターを救えるか? … 152

2問目 スプライトのカクカクの原因をとりのぞけ! … 158

3問目 スペースキーを押すとジャンプするようにしたい! … 162

4問目 ジャンプの上昇、下降をどう見わければよい? … 168

5問目 再帰処理のポイントは終わらせかたにあり? … 176

おわりに … 184

さくいん … 186

著者紹介 … 190

無料でつかえる
プログラミングソフト
Scratch のつかいかた

❧ 「Scratch」のページにアクセスしてみよう

ステージ
作成したプログラムはここで動く

ブロックエリア
ここにあるブロックをつかってプログラムをつくるぞ

スクリプトエリア
ブロックをならべてプログラムをつくるのがこの場所

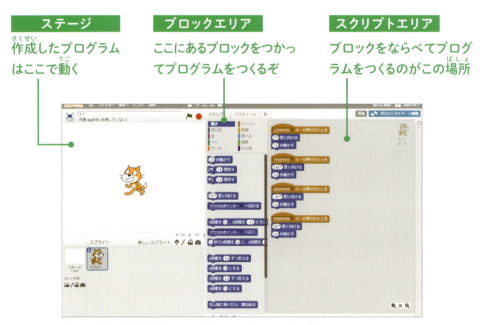

Scratchのサイト ▶ https://scratch.mit.edu/

　本書で利用する「Scratch」は、アメリカのマサチューセッツ工科大学（MIT）で開発された、"小学生にも使える教育用プログラミングアプリ"のこと。教育用というとむずかしそうに聞こえるかもしれないが、マウスそうさでブロックをつみかさねていくだけで、すぐに自作のプログラムを動かすことができるため、世界中のおおくの子どもたちがハマっている、ゲームのようにたのしいアプリなんだ。プログラミングがはじめてという小学生でも、

たのしみながら、知らずしらずのうちにプログラミングの基本をおぼえることができるというのが最大の特色なんだ。

Scratchはインターネットにつながっているパソコンがあり、マウスやトラックパッドの操作と、かんたんな文字入力ができるならば、いますぐにはじめることができる。まずはWebブラウザで以下のURLにアクセスしてみよう。

■Scratch　https://scratch.mit.edu/

Scratchをとりあえずつかってみるばあいは、サイトの上のぶぶんにある「作る」や「見る」のリンクをクリックして試すことができるけれど、ほんかくてきにつかうなら、つぎのページで紹介している「ユーザー登録」をしてから利用してほしい。

使用するパソコンは最近のものであればもんだいないが、どんな環境に対応しているのかを書いておくので、うまくいかないばあいはパソコンをもっているお父さんやお母さんといっしょに確認をしてみてほしい。

● Windows、macOSなどのデスクトップパソコン、ノートパソコン
●「Chrome」や「Firefox」「Safari」「Edge」「Internet Explorer 11」といったWebブラウザが動作すること
●「Adobe Flash Player」(2016/7/15以降のバージョン)がインストールされていること

ユーザー登録と
サインアップをしよう

❖ ユーザー登録と「私の作品」ページについて

　Scratchでは、「ユーザー登録」をおこなって、自分のアカウントをつくると、自分が作成したプログラム(スクリプトとよぶ)を保存するための「私の作品」のページができるようになって、つくったスクリプトをふたたび利用で

ユーザー登録のしかた

❶ Scratchのページ(https://scratch.mit.edu/)の右上にある「Scratchに参加しよう」をクリック

❷ 表示された「Scratchに参加しよう」のウインドウで設定をする。ユーザー名とパスワードを決めて「次へ」をクリック

❸ さらに生まれた年と月、性別と国をえらぶ。日本のばあいは「Japan」をえらぶ

❹ メールアドレスを入力し、送られてきたメールの指示どおり認証をおこなう

きるようになるんだ。また、他の人がつくったスクリプトをコピー（Scratchでは「リミックス」とよぶ）したり、自分がつくったスクリプトを他の人につかってもらったり、といったことができるようになるぞ。なお、アカウント登録は無料でできるけれど確認のためのメールアドレスが、さらに13歳以下の子どもは保護者の許可が必要になるから、お父さんやお母さんといっしょに登録作業をしよう。

いったんアカウント登録をしておけば、つぎからは、「サインイン」をすれば「私の作品」ページをつかえるよ。

■ 私の作品のページ

用意してあるスクリプトのコピーのしかた

本書ではScratchのスクリプトをつくりながら進んでいくが、本文の中で紹介しているスクリプトは、つぎのサイトに公開しているぞ。

https://scratch.mit.edu/studios/4592152/

このWebページをサインインした状態でひらいたら、問題のレベルと番号（「入門-2問目」「幕内-3問目」など）をもとにスクリプトを探そう。そのうえで以下のようにそうさすれば「私の作品」ページにコピーできるぞ。

❶ 問題を見つけたら、クリックしてサイトをひらこう。

❷ ひらいたページの右上にある「中を見る」ボタンをクリックする。

❸ 「リミックス」をクリックすると「私の作品」のページにコピーできる。

プログラミングの横綱を
いっしょにめざそう！

🌸 本書に登場するキャラクター

　本書には、これからプログラミングの勉強をはじめる「すもうくん」と、プログラミングを教えるScratch部屋の「親方」が登場するぞ。Scratchのつかいかたにくわしい親方が、ときにやさしく、ときにきびしくアドバイスをしていく内容になっている。これからプログラミングをはじめるみんなは、すもうくんの気持になって、いっしょにがんばってくれ。

　なお本書は、すもうくんがはじめてScratchにふれる「入門」にはじまって、「幕下」「十両」そして「幕内」「三役」、最後は「横綱」と、大ずもうのように、だんだんとレベルがあがっていくしくみになっている。十両や幕内くらいから、だんだんとむずかしくなっていくから、自分のペースに合わせて進んでいこう。そして、君が「横綱」まで昇進できたら、もうすっかりプログラミングにくわしくなっているはずだ。横綱めざしてがんばってくれ！

すもうくん
プログラミングをまなぶ、すもう好きの小学生。プログラミングの横綱をめざしている！

親方
プログラミングをおしえる、Scratch部屋の親方。ときにやさしく、ときにきびしく指導するぞ！

本書の読みかた

もんだいのレベルは大ずもうといっしょ。だんだんてごわくなる

Scratchにかんする問題と答えが、一問一答けいしきでけいさいされているぞ

本文はすもうくんと親方の会話けいしきですすんでいくぞ

このマークのある問題については、サイトにスクリプトを用意してあるのでコピーして利用できる。くわしくは11ページ

　　本書は、パソコンでScratchにサインインし、あらかじめサイトに用意してあるスクリプトをコピー（リミックス）して（☞コピー方法は11ページ参照）、それを実行して、ためしながら読みすすめてほしい。なかにはむずかしい問題もあるけれど、ためしてみるうちにわかってくるはずだ！

Flashをつかうさいの注意点

❦ Flashが動かないばあい

　9ページでも説明したとおり、ScratchはWebブラウザの関連ソフトウェアである「Adobe Flash Player」をつかっているが、最近のパソコンには、もともとAdobe Flash Playerがインストールされていないことがおおくなっている。そのためはじめてScratchをつかうときに下の図のような警告や、ダウンロードを求めるウインドウが出ることがある。そのばあいはダウンロードや使用の確認をする必要があるので、お父さんやお母さんといっしょにそうさをして設定をおこなってほしい。

　なお、Adobe Flash Playerの利用にかんしては、アドビ社の以下のWebサイトに説明があるので、お父さんやお母さんに確認してもらうといいだろう。

Flashムービーを表示しようとした時のメッセージ例と対処法について
https://helpx.adobe.com/jp/flash-player/kb/235929.html

レベル **1**

入門
にゅうもん

Scratchの基本と
すくらっち　　きほん
そうさ方法をまなぼう
　　　　ほうほう

LEVEL 1

さあ、はじめよう！　8ページからを読んで、パソコンにScratchの画面を表示させたところからスタートだ。まずは、Scratchの入門だ。プログラミングの横綱はまだずっと先だけど、すもうくんといっしょに一歩ずつがんばっていこう！

入門 1問目

〈問題〉
ブロックを動かすことができるかな?

さて、すもうくん。まずはScratchの基本を勉強するぞ。Scratchでは、「ブロック」をくみあわせて、「スクリプト」をつくって、プログラミングするんだ。すもうくんはマウスをつかえるかな?

はーい。バッチリだよ。

では、画面まんなかの「ブロックエリア」にある、❶の  を、❷の「スクリプトエリア」まで動かしてみよう。できるかな?

オッケー。やってみるよ!

\ヒント!/  ブロックを動かすばあいは、「ドラッグアンドドロップ」というそうさをするよ。パソコンのそうさの基本のひとつだね。

〈答え〉

Scratchはマウスをつかってブロックを動かすぞ。

この 10 歩動かす を、マウスでギューッとにぎって、スクリプトエリアまで動かして、パッとはなして、っと。よしできた！

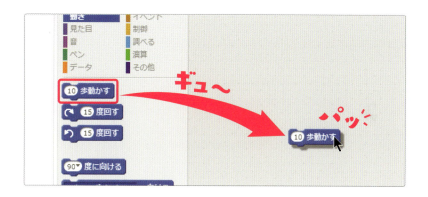

うん。 10 歩動かす の上でマウスの左ボタンを押したら、そのままスクリプトエリアまで動かして、はなす。これがドラッグアンドドロップだね。Scratchではいろいろなところでつかうそうだから、練習しておいてくれよ。

よーし、がんばるよ！

豆知識

つかっているパソコンがノートパソコンで、トラックパッドをつかうばあいでも、そうさの基本は同じだよ。ただ、ドラッグアンドドロップのやりかたなどがちがうから、むずかしいと思ったら、お父さんやお母さんといっしょに練習しよう。

入門 2問目

〈問題〉

ブロックをつなげたり はなしたりしてみよう

スクリプト
ダウンロードOK

 すもうくん、この問題には「スクリプトダウンロードOK」のマークがあるね（上）。このマークのある問題については、Webサイトに用意した専用の「スクリプト」をリミックス（コピー）して利用できるよ（☞11ページ）。スクリプトというのはプログラムのことなんだ。

 ええっ？ これがプログラムなの？

 うん。Scratchでは、ブロックをつなげてプログラムをつくっていくんだ。ではこのスクリプトを実行してみよう。4つのブロックのどこでもいいからマウスで「カチカチ」とダブルクリックしてごらん。

 （カチカチ）あ、ネコがしゃべった！でもなんか話す順番がおかしいぞ。

 ブロックの順番がおかしいんだね。そこで問題だ。この4つのブロックをマウスをつかって、正しい順番に並びかえてみよう。

##〈答え〉

マウスそうさでブロックをくっつけたり、はなしたりできるぞ。

🧑 ブロックは、さっき練習したドラッグアンドドロップのそうさで、切りはなしたり、くっつけたりできるんだ。まずは、上から2ばんめのブロックを、切りはなしてみよう。

🧒 2ばんめのブロックをクリックしたまま動かせばいいんだね。

🧑 いいぞ。つづいて、ぜんぶブロックをバラバラにして、ただしい順番にならべかえてみよう。

ブロックどうしをちかづけると、磁石みたいにくっつくよ。

🧒 よーし、やってみるよ！ えっと、いちばん上が「これから昔話をします」で…こんなふうにすればいいんだね。できたー！

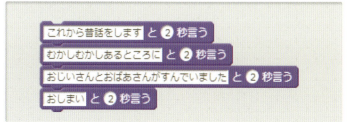

19

入門 3問目

〈問題〉
ネコを動かすためのブロックはどこにある？

こんどはネコが動くプログラムをつくってみるぞ。そのためには、`10 歩動かす` と `がクリックされたとき` の、2つのブロックが必要になるよ。2つのブロックを「ブロックエリア」から見つけだして、スクリプトエリアにならべてみよう。できるかな？

`10 歩動かす` は「動き」の中の、いちばん上にあるから、これをとなりのスクリプトエリアまで、マウスで動かせばいいんだね。

よし、いいぞ。つづいて `がクリックされたとき` も探してみよう。どこにあるか、わかるかな？

\ヒント！/ ブロックエリアには、「動き」や「イベント」「見た目」「制御」などの項目にわかれているよ。それぞれをクリックして、探してみよう。

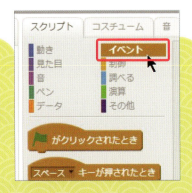

〈答え〉

ブロックは「ブロックエリア」に種類ごとに分けておかれている。

 がクリックされたとき は「イベント」の中にあるよ。見つかったかな？

うん。見つけたよ！ がクリックされたとき もスクリプトエリアまで、マウスで動かして、と。親方、この緑色の旗にはどんな意味があるの？

プログラムの最初に がクリックされたとき をくっつけておくと、左側の「ステージ」の上にある 🚩 をクリックしたときにスクリプトが実行されるんだ。たとえば、下の図のように、 がクリックされたとき の下に 10歩動かす を5つくっつけてから、🚩 をクリックしてごらん。

よーし実行してみよう！　うん、ネコが動いたよ！

 豆知識

もしネコが右に行き過ぎてしまったら、マウスでつかんで左側へ持っていけばもどすことができるよ。

レベル1【入門】

21

入門 4問目

〈問題〉
動きだしたプログラムはどうとめる?

さてすもうくん、こんどは図のようにブロックを並べてみよう。
`■がクリックされたとき` は「イベント」に、
`10 歩動かす` と `もし端に着いたら、跳ね返る` は「動き」、`ずっと` は「制御」のところにあるぞ。`ずっと` がちょっとむずかしいかな。

`ずっと` のあいだに `10 歩動かす` と `もし端に着いたら、跳ね返る` をはさみこむようにすればいいんだね。できたよ!

よし、■ をクリックして実行してみよう! 動いたぞ! ただしこれ、ずっと動きっぱなしだなあ。どうやってとめればいいんだろう?

\ヒント!/ 信号機をかんがえてみよう。緑はすすめ、赤はとまれ、だよね。それはScratchでも同じだぞ!

〈答え〉

実行しているスクリプトをとめるには赤いストップボタンをクリックしよう。

信号と同じならこの赤いボタンをクリックすればいいのかな。うん、とまったよ！

そう、正解だ！ 🚩 はスクリプトのスタート、🛑 はスクリプトを停止するためのボタンなんだ。それと、実行中のスクリプトは黄色く光っているんだけれど、この光っているブロックをダブルクリックしてもスクリプトの実行をとめることができるよ。

 豆知識

画面のはじではねかえったときに、ネコがさかだちしてしまうけれど、「スプライト」にあるネコの左上にある 🛈 ボタンをクリックして、↔のボタンをクリックすると向きがなおるよ。

入門 5問目

〈問題〉
スクリプトを保存するにはどうしたらいいかな?

 さて、すもうくん。せっかくつくったスクリプトは、あとからつづきができるようにしたいよね。どうしたらいいと思う?

ゲームみたいに、データをセーブすればいいんじゃないかなあ。

うん。Scratchではセーブではなく「保存」と呼ぶことがおおいよ。では、保存をするにはどこをそうさすればいいんだろうね。画面を見わたして考えてみよう。

\ヒント！/ Scratchのウインドウの上のほうにはいくつかメニューがあるね。このあたりを、いろいろと見てみよう。なお、保存をするには、サインインしておく必要があるよ。サインインについては10ページを見てね。

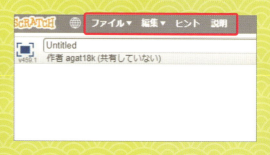

〈答え〉

プログラムの名まえをつけて
ファイルメニューの「直ちに保存」をえらぶ。

プロジェクトのタイトルは、最初は「Untitled-**」と付けられている。これは「まだ名まえはない」という意味なんだ。そこでまずは名まえを入力するんだ。

そうしたら画面の右上にある「直ちに保存」をクリックしよう。こうしておくと、あとは自動でプロジェクトを保存してくれるようになる。ただし、パソコンの電源を切るまえなどは、自分で保存しよう。

保存したプログラムはどうやってよびだすの?

「直ちに保存」のとなりにある、フォルダボタンをクリックすると表示される、「私の作品」からよびだすことができるよ。

入門 6問目

〈問題〉
キャラがそれぞれ会話するようすをつくるには？

Scratchではキャラクターを「スプライト」という機能をつかって表示させるんだ。ここまで出てきたネコもスプライトなんだ。そのスプライトは下の図にある のボタンをクリックするとついかできるぞ。

ホントだ！ ボタンをクリックしたらいろいろな絵が出てきたよ！ これがみんなスプライトなんだね。えーっと、つかいたいスプライト（ここでは「Gobo」）をえらんで、「OK」ボタンをクリックするんだね。

ついかしたスプライトが表示されたかな。では、ふたり（2匹?）に、図のようにセリフをつけてみるよ。どうすればいいか、考えてみてくれ。

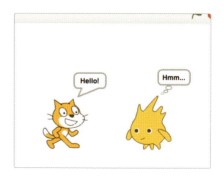

\ヒント！／ ふきだしを表示させるには、「見た目」にある Hello! と言う とか、Hmm... と考える のブロックをつかうよ。

〈答え〉

それぞれのスプライトに、スクリプトを用意する。

ふきだしを表示させるには、 Hello! と言う や Hmm... と考える をつかうよ。ネコのほうには Hello! と言う をおいたけど、もうひとつの「Gobo」のほうにスクリプトをおくにはどうすればいいと思う?

それぞれのスプライトごとにスクリプトをおくの? でも、Goboのほうにもブロックをおくにはどうしたらいいんだろう…。

Scratchでは、スプライトそれぞれにスクリプトをおくエリアがあるんだ。スプライトのいちらん❶にある、Goboの絵をクリックすると、Gobo用のスクリプトエリア❷が表示されるから、そこにブロックをおくんだ。できたら 🚩 をクリックしてごらん!

入門 7問目

〈問題〉
ネコを左右に動かすには どのブロックをつかう？

ネコを右に動かすには、[10歩動かす] のブロックをつかったよね。スクリプト欄の「動き」にある [10歩動かす] をダブルクリックしてみてくれ。

うん、ネコが右に動いたよ。ダブルクリックするたびに、ちょっとずつ右に動くね。

ではすもうくん、これを左に動かすにはどうしたらいいかな。考えてみよう。

\ヒント！/ ネコを左に動かすには、ネコが進む「向き」をかえないといけないね。向きをかえるためにはどのブロックがつかえるかな？

〈答え〉

向きをかえるブロックと、動きのブロックを組みあわせる。

スクリプト欄の「動き」にある 90度に向ける のブロックにある▼を押すと、4つの方向がえらべるようになっているんだ。

そうか！　それなら、その中から「(-90)左」をえらべば向きをかえられるね。 -90度に向ける をダブルクリックをすると…。あっ、ネコの向きがかわったぞ。それで 10歩動かす をダブルクリックすればいいんだね。

正解！　もし、ネコがさかさまになって気になるなら、スプライト欄のネコの🛈をクリックしてから、↔をクリックしよう。やりかたをわすれたら、23ページを見てくれ。

豆知識

ここで勉強したように、スクリプトエリアにあるブロックも、ダブルクリックすればそのまま実行できるんだ。ブロックのどうさをためしてみるときにもつかえるぞ。

入門 8問目

〈問題〉
「座標」をつかってスプライトを動かせるかな?

さっきは `90度に向ける` をつかって、スプライトの向きをかえて動かしたけれど、こんどは「座標」をつかってみるぞ。座標というのは、スプライトの位置を示す住所のようなものだよ。よこを「X」、たてを「Y」であらわすんだ。

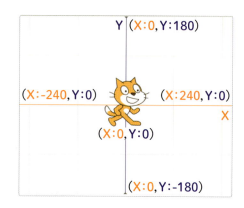

画面のまんなかが「X:0 Y:0」なんだね。Xは、右にいくと数字が大きくなって、左にいくと小さくなる(マイナスが大きくなる)んだね。

学校ではまだマイナスをならっていないから、ちょっとむずかしいかな? ただ、Scratchではよくでてくるので、このつかいかたはおぼえておこう。
では、問題だ。「動き」にある、`x座標を 10 ずつ変える` のブロックをつかって、ネコを左に動かすにはどうしたらいいかな?

\ヒント!/ スクリプト欄にある `x座標を 10 ずつ変える` をダブルクリックしてごらん。ネコが右に動くよね。これはX座標が「10大きくなっているから」なんだ。だとすると、左に動かすにはどうしたらいい?

30

〈答え〉

X座標を「−」ずつかえると
スプライトが左に動くよ。

この問題を考えるときには、座標の図を見て考えるといいね。座標では、「左」の方向をどんなふうにあらわすんだっけ？

えっと、左にいくにつれて、マイナスの数字がおおきくなったよ…あっ、そうか。座標を「−」にすれば、ネコは左に動くかも。

そう、そのとおり。かくにんのために、座標の数字と、動きのかんけいを表にしてみたよ。よく見てかくにんしておこう。

X座標を増やす	スプライトが右に移動する
X座標を減らす	スプライトが左に移動する
Y座標を増やす	スプライトが上に移動する
Y座標を減らす	スプライトが下に移動する

 豆知識

プラスとマイナスについて

「マイナス」の数字を学校で習うのは中学校からだけど、Scratchではマイナスをよくつかうんだ。ただし、むずかしい計算はしないから、増やすときや減らすときにつかう記号として、おぼえておこう。

入門 9問目

〈問題〉
つかわなくなったブロックを「そうじ」できるかな?

 ところですもうくんは、スクリプトエリアでつかわなくなったブロックをどうしているかな?

 スクリプトエリアにおいたまんまだ…。

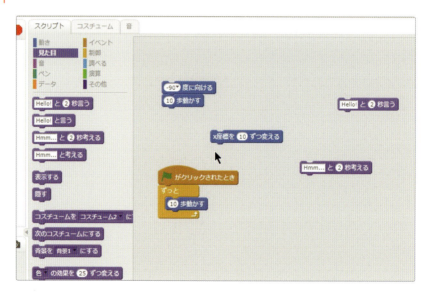

こら、すもうくん。Scratch部屋ではそうじも修行のうちだぞ。つかわなくなったスプライト、スクリプトはどうやって消せばいいか、その方法をしらないといけないぞ。

\ヒント!/ 削除する方法はいくつもあるぞ。一番かんたんな方法は、ブロックやスクリプトを、ドラッグしてどこかにポイッ…。わかるかな?

〈答え〉

いらないブロックは
ブロックエリアにポイッとしよう。

いちばんかんたんな方法は、消したいブロックを、ブロックエリアにドラッグアンドドロップする方法だ。くっついているスクリプトごと消すこともできるぞ。

ブロックをクリックしたまま動かして…ブロックエリアにポイッ。おっ、消えたー！

他にも、ブロックの上でマウスを右クリックして、表示されたメニューから「削除」をえらんだり❶、画面上部のハサミをクリックしてアイコンをハサミにして❷から、消したいブロックをクリックしてもいいぞ。スプライトを消すさいは、ハサミをつかう方法を利用しよう。

 豆知識

ブロックやスプライトをまちがって消してしまったときは「編集」メニューから「削除の取り消し」をえらぶと、1度だけやりなおしができるよ。

保護者の皆様へ **1**

プログラミング 2つの学び方

お 子さんはScratchの操作にはなれてきたでしょうか？　次章から
は使用するブロックの種類も増え、あらかじめ用意された内容
に沿って、考えて解いていく問題が出てきます。一歩一歩がんばりましょ
う。さて、Scratchの学び方には大きく2つのやり方があると思います。

- **参考書などに沿って、書いてあるとおりに勉強していく。**
- **自分のつくりたいものをつくりながら、つまずいたところを調べて
  解決する。**

　筆者は、これらは互いに一長一短で、一方だけではうまくいかないと
考えています。前者は一見、順調に進んでいるように見えて自分で考え
ることが少なくなるため身につく力が弱くなります。後者は理想的では
ありますが、いったんつまずくと解決に時間がかかることもあり、作りか
けのまま終わってしまうこともしばしばです。筆者は教室でこの両方を
バランスよく行なうよう心がけています。

　本書はドリル形式にすることで「なぜそうなるのか」を考えられるよう
にしていますが、できればそれぞれの問題を終えた後にスクリプトを「ちょ
こっと改造」して、自分のオリジナル要素を入れるようにしてみてください。
理解が深まると同時に、プログラムに愛着がわき、そこからアイデアが
ふくらんでいくはずです。

レベル2

幕下
まくした

音や動きの効果をつける

Scratchの基本をまなんだところで、レベル2では、スクリプトに音や動きをつけていくことにするぞ。キャラクターをキーであやつったり、ぶつかったら音を出してみたり。いよいよ、ほんかくてきなプログラミングのスタートだ！

幕下 1問目

〈問題〉

キャラを歩かせるには どんな機能をつかう?

> スクリプト
> ダウンロードOK

> キャラクターをあやつるためにつかう「スプライト」。そのスプライトの重要なしくみをひとつ紹介しよう。それは「コスチューム」だ。それをしるために、「Pico walking」のスプライトをついかしてみよう。

> スプライトをついかするやりかたはもうおぼえたよ（☞26ページ）。ここから「Pico walking」を探せばいいんだね…。あっ、あった！
> （アルファベット順にならんでいるから、下のほうにスクロールすると見つかるぞ。）

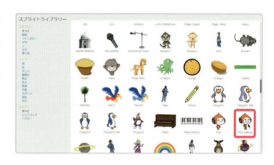

> スプライトいちらんで「Pico walking」を選択❶したら、「コスチューム」のタブ❷をクリックしてごらん。すると、4つのPicoの絵が出てきたね。これがこのスプライトのコスチュームなんだ。

コスチュームを利用するポイントは？

 コスチュームは、1つのスプライトの中に、いくつもの絵を入れておく機能なんだ。これらの絵は、切りかえて表示させることができるから、ちょっとずつちがう絵をとうろくしておくと、歩いたり走ったり、おどったりするアニメーションをつくることができるんだ。

 この4つコスチュームは、Picoが順番に歩いているところだね。

 そのとおり。では、コスチュームを切りかえて表示させるやりかたを考えてみよう。下のスクリプトはパソコンのスペースキーを押すたびにPicoが動くものなんだけど、ここに1つ、あるブロックをつなげると、コスチュームが切りかわってPicoが歩くようになるんだ。それがなにかを考えてみよう。

\ ヒント！ /

コスチュームを切りかえるような、絵のようすをかえるためのブロックは「見た目」にあるぞ！中にあるブロックをよーく見てみよう。

〈答え〉

スプライトのコスチュームを ブロックで切りかえてアニメーションにする。

 すもうくん、わかったかな？

「見た目」の中には「コスチューム」についてのブロックが3つあったよ。ただ…この中のどれをつかえばいいのかな。コスチュームをどんどんかえていくわけだから、 次のコスチュームにする かな？

そうだ！　よくわかったね。下の図のように、スクリプトの最後にくっつけよう。

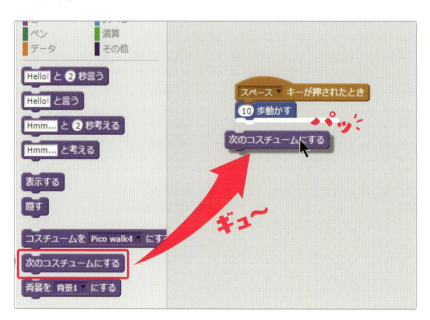

次のコスチュームにする は、つぎのコスチュームに切りかえてくれるだけでなく、1番目→2番目→3番目→4番目→1番目→2番目…と、くりかえし切りかえてくれるんだ。

これでスペースキーをクリックすると…わーい！ Picoが歩いてるよ！

豆知識

「スペースキーが押されたとき」のつかいかたは？

`スペース キーが押されたとき` は、「入門」のページでつかった `がクリックされたとき` とおなじ「イベント」にあるブロックだ。🚩 をクリックするかわりに、パソコンのスペースキーを押すと、そのあとにくっついているブロックを実行するんだ。なお、▼をクリックすると、スペースキーいがいのキーにすることもできるよ。

幕下 2問目

〈問題〉
背景がつぎつぎに切りかわるようにしたい

Scratchでは背景に画像を表示させることができるぞ。しかも、その画像を、スプライトの「コスチューム」のように、なんまいも保存しておき、切りかえて表示させることもできるんだ。用意したスクリプトで、図のように、「ステージ」のアイコン❶をクリックしてから、右上のタブ❷から「背景」をクリックすると、どんな画像が入っているかを見ることができるぞ。

ホントだ。画像がたくさん入っているね。

これらの画像は、スプライトでコスチュームを切りかえて表示させるように、つぎからつぎへと切りかえて表示させることができるんだ。では、問題。このたくさんの背景画像が、クリックするたびに切りかわるようにするにはどうすればいいかな？

スプライトのコスチュームを切りかえるときのことをおぼえているかな？ `次のコスチュームにする` をつかったよね。それと同じような、背景を切りかえるブロックはないかな？ 探してみよう。

〈答え〉

次の背景 をつかって
ステージの画像を切りかえよう。

ステージの画像を切りかえるには、次の背景 をつかうんだ。すもうくん、正解できたかな？

うん、「見た目」の中に、「背景」という言葉のついたブロックがあったから、これかなって思ったんだ。これと、「イベント」にある、ステージがクリックされたとき をと組みあわせてスクリプトをつくればいいんだね。

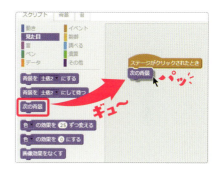

そのとおり。これでクリックするたびにぐるぐると背景を切りかえることができるぞ。

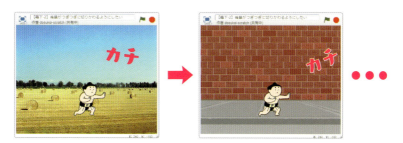

 豆知識

ステージは、スプライトのように動かすことはできないが、32枚まで重ねることができるから、アニメーションなどでつかうこともできるんだ。

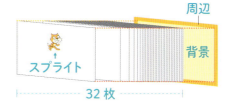

41

幕下 3問目

〈問題〉
ネコに「ワン」と鳴かせることができるかな？

> すもうくん、スプライトには音をつけることができるんだ。ネコのスプライトには、はじめから「ニャー」という音がついているぞ。スプライトのアイコン❶をクリックしたときに表示される、「音」のタブ❷を見てごらん。

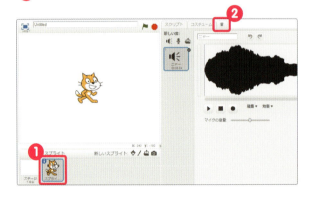

> ホントだ！ そういえば、「音」のブロックがあるよね。
> この中にある ▢の音を鳴らす をつかうと、音を鳴らすことができるのかな。

> そう、そのとおり！ では、そのブロックをつかって、ネコの鳴き声を犬の鳴き声にかえてみるぞ。

 ヒント！ 「音」のタブにある、スピーカーのアイコンをクリックすると「音ライブラリー」が開くよ。こにある音はダブルクリックすると、スプライトについかできるんだ。

〈答え〉

音のライブラリーから いろいろな音をついかできるぞ。

ライブラリにある「dog1」の音を、ダブルクリックしてついかしてごらん。すると、の▼マークで、その音をえらべるようになるぞ。

なるほどー。よし、設定したよ。そうしたら、をダブルクリックして…「ワン」。できたー!

豆知識

音についてよくあるトラブルを紹介しよう。下のスクリプトは、🚩をクリックしたら、「3回音が鳴る」ようにつくったスクリプトだ。「3回くりかえす」のブロックをつかっているのがわかるだろう。それなのに実行してみると、音は1回しか鳴らないんだ。これは、ちゃんと3回音が鳴っているのに、「パソコンのスピードが速すぎて1回にしか聞こえない」というトラブルなんだ。こんなばあいは、▼の音を鳴らすのかわりに 終わるまで ▼の音を鳴らす をつかってみよう。1回ごとに音が出てから再生されるようになるから、きちんと3回聞こえるようになるぞ。

幕下 4問目

〈問題〉
スクリプトの動きをいったんとめるには？

| スクリプト ダウンロードOK |

26ページでは、ちょっとした会話のようすをスクリプトでつくってみたけど、こんどはふたりが順番に話すスクリプトをつくってみたんだ。まずは用意したスクリプトを実行してみよう。

よし、🚩 をクリックして、と。あれ、なんだか会話がかさなって、ヘンな感じになってるよ。

そうだね。そうしたら、スクリプトを見てみようか。Scratchでは、スプライトひとつひとつに、スクリプトをつくることができるんだったよね。

スプライトごとのスクリプトをかくにんしよう

うん、おぼえているよ。まずは「親方」のスクリプトから見てみるね。どれどれ、🚩クリックしたら、「すもうくん、おはよう」と2秒間言うんだね。そのあとも、セリフを2秒間ずつ言ったり、考えたりしているね。

そうだ、よくわかったね。こんどは「すもうくん」のスクリプトも見てみようか。

うん。こちらもスクリプトのならびは同じだね。セリフがちがうだけだね。

スクリプトのなかみはわかったね。では、すもうくん。このスクリプトをどうかえれば、きちんとした会話のようになるか、よーく考えてみてくれ。

\ ヒント！ / 親方とすもうくんのスクリプトは、それぞれべつべつに動いているんだ。どちらかのタイミングをすこしずらしてみたらどうかな。そのためにつかうのはどんなブロックだろう…？

スクリプトの動作をコントロールするには「制御」のブロックをつかおう。

2つのスプライトのスクリプトは、🚩 がクリックされたところで、同じタイミングでスタートするんだ。だから、あとから話す「すもうくん」が、話しはじめるタイミングを少し遅らせればいいんだよ。

そうすると時間をとめておくブロックを入れればいいんだね。ええっと、どれをつかえばいいかなあ。

そういった、スクリプトの動きをとめたり、待ったり、それにくりかえしたりといったブロックは、「制御」の中にあるぞ。

どれかなあ。えっと…あ、そうか！ 「すもうくん」のスクリプトの会話のまえに、 1秒待つ を入れてみたらどうだろう。そうすれば、すもうくんのセリフのはじまりが1秒ずれるから、会話のタイミングもずれるんじゃないかな。

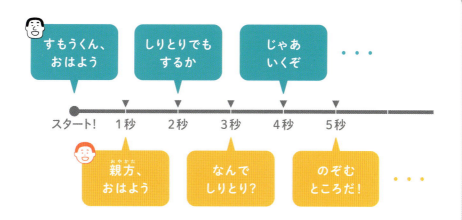

うん、正解だ。よくわかったね！ ではスクリプトをなおしてごらん。

「すもうくん」のスクリプトの ▶がクリックされたとき のすぐ下に、1秒待つ を入れて、と。

よしできたぞ。これで実行してみると…。うん、うまくいったよ！
はー、なんだか、おなかがすいてきたなー。

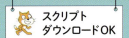

幕下 5問目

〈問題〉
スプライトの大きさをあやつることができるかな?

 スプライトを大きくしたり小さくしたりはできないのかなあ。

お、すもうくん。おもしろいところに目をつけたね。スプライトの大きさをかえるためのブロックは2つあるんだ。

ひとつは 。これは今のサイズから、どれくらい大きさをかえるのかを指定するブロックだ。

もうひとつは で、こちらは大きさをパーセントで直接指定するためのブロックだよ。1.5倍なら150％、2倍なら200％とすればいいぞ。

なるほどー。このどちらかをつかうと、スプライトのサイズをかえるスクリプトをつくれるんだね。でも、どういうスクリプトにすればいいのかなあ。

\ヒント!/ たとえば、マウスでクリックしたらサイズを大きくして、スペースキーを押したらもとの大きさにもどるスクリプトを考えてみよう。「イベント」にある と のブロックをつかってみよう。

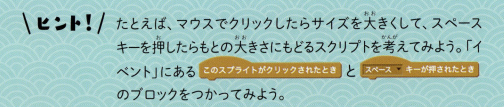

〈答え〉

大きさをかえるブロックをつかいわけて
サイズを自由にかえよう。

 わかったぞ！ `このスプライトがクリックされたとき` のあとに `大きさを 10 ずつ変える` をつなげれば、スプライトを大きくすることができるぞ。でも大きさを、もとにもどすにはどうしたらいいかな。

 `大きさを 100 % にする` をつかうといいよ。大きさを100%にするというのは、「もとの大きさにもどす」という意味なんだ。右のスクリプトだと、スペースキーを押したらもとどおりになるよ。

豆知識

「見た目」にある「大きさ」にチェックを入れると、画面に、サイズを表示させておくことができるぞ。

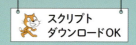

幕下 6問目

〈問題〉
スプライトをふわーっと消すほうほうがわかるかな?

ゲームなどでてきのキャラクターをたおしたときに、パッと消すだけではおもしろくないよね。

そうそう、そうなんだ。親方、わかってるね！なんかふわーっと消えたりするといいんだけどな。

ははは。すもうくんにほめられたのははじめてだな。それではまず用意したスクリプトを実行してごらん。

スプライトが色をかえながらパッと消えていったよ。色がかわるのはいいけど、なんだかさびしいなあ。

50

スプライトをおもしろく見せる「効果」

まあ、そういわずに。すもうくん、まずはスクリプトをくわしく見てみよう。どのブロックで色がかわっているか、わかるかな。

えーっと、この 色の効果を 10 ずつ変える じゃないかな。色をどんどん切りかえているのがこのブロックだね。

そう、そのとおり。スクリプトをもういちど見てみよう。この「色の効果」のあとに大きさを小さくするブロックがあるね。それを20回くりかえしているよ。

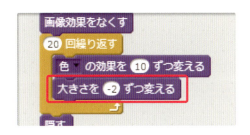

なるほどー。それで色がかわりながら、だんだん小さくなっているのか。あとは「ふわーっと消える」の効果をつけたいなあ。

すもうくん、その効果もあるぞ。どこにあるか、探してごらん。

\ヒント！/ 色の効果を 10 ずつ変える のブロックには、色を切りかえるだけでなく、ほかの効果もあるんだ。それをつかうにはどうすればいいかな？

〈答え〉

「幽霊」の効果をつかうと
スプライトをふわーっと消せるぞ。

えっと、 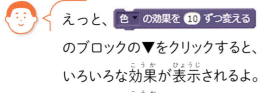 のブロックの▼をクリックすると、いろいろな効果が表示されるよ。ここにある効果のどれかをつかうんじゃないかと思うんだ。

うん。いろいろな効果があるけれど、このなかで、すもうくんが言う「ふわーっと消える」のにつかえるのは「幽霊」のブロックだよ。

そうかあ。消えていくといったらやっぱり幽霊なんだね。じゃあ、このブロックをスクリプトのどこにいれればいいんだろう。

色▼の効果を10ずつ変える の下のさらに下、大きさを-2ずつ変える の下がいいだろう。できあがったスクリプトがこれだよ。

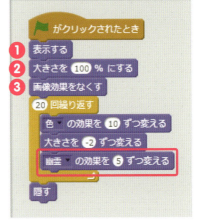

よし、実行してみよう。うん、ふわっと消えた！　これだよ。ぼくが求めていたのは！

いちばん上の [🚩がクリックされたとき] の下の、3つのブロックについて説明しておこう。これらのブロックは上から、「かくしたスプライトを表示する」❶、「大きさをもとに戻す」❷、「色などの効果をもとに戻す」❸といった意味があるんだ。
実行するまえにスプライトが小さいままだったり、効果がつかわれたままだったりするのをふせぐためのものだよ。

そういうブロックは、最初においておくんだね。

53

幕下 7問目

〈問題〉
クリックしてキャラを消すゲームをつくれるかな？

 ここではかんたんなゲームをつくるぞ。画面にあらわれるスプライトをつぎからつぎにクリックするゲームだよ。

 わーい、ゲームだ！　マウスでクリックして消していくんだね。

 スプライトをクリックしたら、音が鳴ってスクリプトが消える。つぎに、どこかちがう場所からあらわれる。そんなスクリプトにしよう。下のブロックで組みたてられるかな。

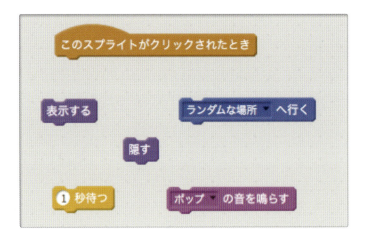

\ヒント！/　このスプライトがクリックされたとき は、このスプライトがクリックされたらなにがおきるかを決めるブロックだ。隠す と 表示する をつかうと、スプライトをいったん消したり、もう一度表示させたりすることができるぞ。ランダムな場所へ行く はまいかいちがう場所にあらわれるようにするためにつかうブロックだよ。

〈答え〉

スクリプトは、させたいことを順番に組みたてよう。

👦 うーん、スプライトがクリックされたら、まず「音を鳴らして」「隠す」ってとこまでは思いついたけど、あとはよくわかんないや。

👨 あきらめちゃダメだぞ！ そんなときはどんな動作がおきればいいかを、順番に考えてみるといいぞ。
「スプライトをクリックする」→「音を鳴らす」→「隠す」。そして、「ランダムな場所へ行く」というのはわかるんじゃないか？

👦 `1秒待つ` はどこでつかうの？ これがよくわからないんだ。

👨 スプライトが消えてから現れるまえに、少し時間をあけたほうが自然な感じになるんだ。だから「隠す」のあとにおくといいね。

👦 そうかあ。`1秒待つ` で、タイミングをとっているんだね。

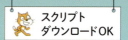

幕下 8問目

〈問題〉

見えないスプライトを表示させるには？

用意されたスクリプトのスプライト欄を見てみると、PicoとNanoの2つのスプライトが用意されているけれど、画面には表示されていないね。2つのスプライトはどこにいってしまったんだろう。

ホントだ。あれ？　それぞれのスプライトをクリックすると、画面が光るよ。Pico ❶ は画面の中だけど、Nano ❷ は画面の外だね。

これは「ここにクリックしたスプライトがあるよ」とおしえてくれているんだ。こんなふうにスプライトが消えてしまったときには、あるブロックをつかうといいんだ。なにをつかうかわかるかな？

\ヒント！/　PicoとNanoはそれぞれちがうブロックが必要になるよ。Picoは「見た目」、Nanoは「動き」にあるブロックをつかう。クリックしたときの光る場所から考えてみよう。

〈答え〉

消えたスプライトは「表示」ブロックを
わくの外のスプライトは「座標」をかくにん。

スプライトをクリックしたときに画面の中が光るPicoは、スプライトが消えてしまっているのが理由だね。 表示する をダブルクリックすると表示されるぞ。

じゃあ、画面の外にあるNanoのばあいはどうすればいいのかな…。表示される場所をかえればいいのかな…？

いいぞ、すもうくん。そのとおりだ。まえに勉強した「座標」を覚えているかな。ここで x座標を 0 にする と y座標を 0 にする をそれぞれダブルクリックすると、Nanoの座標が（X：0、Y：0）になって、画面のまんなかにあらわれるぞ。

 豆知識

スプライトが消えたばあい、 表示する をつかうかわりに、スプライト欄の ⓘ ボタンをクリックして表示されるinfo画面で、「表示する」にチェックを入れてもオーケーだ。

幕下 9問目

〈問題〉
2つの動作を一度にさせるには、どうしたらいい?

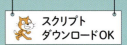
スクリプト
ダウンロードOK

さてすもうくん、ここではまず、用意したスクリプトを見てくれ。これはネコが「ニャー」と鳴きながら「右に動く」スクリプトをつくろうとしたんだが、なぜかうまくいかないんだよ。

🏁 をクリックして、実行して、と。うん、たしかにネコは鳴きながら動きはするけど、カクカクでなめらかに動かないね。

動作を同時におこなうにはルールがある？

スクリプトを見てみよう。まず `x座標を -200、y座標を 0 にする` がネコがあらわれる場所の座標を指定しているのはわかるね。では `ずっと` で囲まれているぶぶんの意味はわかるかな。

ネコを5ずつ右に動かして、「ニャー」って鳴くようにしているんだね。それを `ずっと` で囲んでくりかえしている。`終わるまで ニャー の音を鳴らす` をつかっているのは、一回ごとにネコが鳴きおわるようにしているんだよね。スクリプトはどこもおかしくないと思うんだけど…。

ここはScratchでまちがいやすいポイントなんだ。「鳴く」と「動く」の2つの動作を同時にさせるには、ちょっとしたルールがあるんだよ。それを考えてみてほしい。

うーん、なんだろうな。2つの動作かあ…。

\ヒント！/ ここでは2つの動きを、「ずっと」で囲んでしまっているんだけど、これでいいのかな。もしかしたら、それぞれ分けてしまったほうがいいかもしれないな…。

レベル2【幕下】

〈答え〉

2つの動きをきちんとさせるには、それぞれスクリプトをつくる。

ちょっとむずかしかったかな。では答えのスクリプトを見てくれ。

あれれ？　スクリプトが2つに別れているよ！　実行してみると…あっ、ネコが鳴きながら動いた！　カクカクもしてないよ。

　がクリックされたとき　を2つつかうと、2つのスクリプトを同時に実行させることができるんだ。こんかいは、1つがネコが鳴くスクリプト、もう1つが右への移動をおこなうためのスクリプトだね。これなら、ネコが鳴きながら右に動くぞ。

がクリックされたときのブロックはひとつしかおけないと思っていたけど、いくつもおくことができるんだね。

　そうなんだ。こんなふうに複数のスクリプトをつかって、いくつもの動きを同時におこなうことを「並行処理」と呼ぶんだ。これはScratchのいろいろなところでつかうので、必ずおぼえておこう。

豆知識

がクリックされたときをつかった並行処理は、いくつでもつかうことができるけれど、数がおおすぎるとScratchの動作が遅くなることがあるぞ。やりすぎには注意だ！

保護者の皆様へ ②

絵や音に好きなものを使う

　レベル2では、コスチュームや音のような視覚的、聴覚的な要素を扱いました。ただしScratchは米国生まれだからか、組み込まれている絵や音がいかにも外国風です。あまり使いたいものがない、というお子様もいると思います。そんな時は、オリジナルの絵や音を用意して、Scratchに組みこむのはどうでしょう。たとえばキャラクターをツールを使って描いて利用するとテンションがぐんと上がりますし、効果音についても、同様です。

　効果音については、ネット上にはゲーム風の音を無料でつくることのできる「Bfxr.Make sound」のようなWebサービスもありますので、そうしたものを活用して、一緒につくってみると楽しいと思います。

　また、「フリー 効果音 素材」や「フリー 音楽 素材」といったキーワードで検索をすればさまざまな音を見つけだし、入手することができると思います。ただし、他人の作品を使用する場合はきちんと決められたルールを守りましょう。サイトの「利用規約」を必ず読んで理解した上で使ってください。

Bfxr. Make sound effects for your games.
https://www.bfxr.net/

レベル3

十両
じゅうりょう

「制御」や「調べる」を
つかってみる

プログラミングの「十両」レベルでは、「もし〜なら〜」といったルールをつかいこなしたり、ぶつかったり、動いたときにおきたことをしらべたりするスクリプトを勉強するぞ。ちょっとむずかしくなるけれど、ゆっくりと考えながらすすんでいこう！

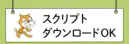

〈問題〉
矢印キーでスプライトを動かせるかな?

さて、キーボードの右矢印キーが押されたらスプライトが右に動くスクリプトをつくってみよう。すもうくん、わかるかな。

まえにおしえてもらった スペース▼キーが押されたとき をつかえばできそうだ。▼をクリックして「右向き矢印」にして ❶、そこに 10歩動かす をくっつけて ❷、と。できた!

おしい! それだとスプライトの向きが決まらないぞ。 10歩動かす のまえに 90▼度に向ける をくっつけるのが正解だ。では、その考えかたをつかって、4方向に動かすためのスクリプトをつくってみたぞ。ただ、これにはおかしなところがあるんだ。それがどこかわかるかな?

上向き矢印▼キーが押されたとき	右向き矢印▼キーが押されたとき
0▼度に向ける	-90▼度に向ける
10歩動かす	10歩動かす
下向き矢印▼キーが押されたとき	左向き矢印▼キーが押されたとき
180▼度に向ける	90▼度に向ける
10歩動かす	10歩動かす

\ヒント!/ 矢印キーの向きと、スプライトが動く向きはあっているかな? よーく見てみよう。

〈答え〉

矢印キーの向きと
スプライトの動く向きを合わせよう。

わかったぞ！　右向き矢印キーを押したときの動きの向きと、左向き矢印キーを押したときの動きの向きが逆なんだね。

そう。「右向き矢印キーが押されたとき」き動きの向きを「90（右）」に、「左向き矢印キーが押されたとき」の向きを「-90（左）」にすればいいんだ。

このスクリプトはゲームをつくるときに役立ちそうだね。

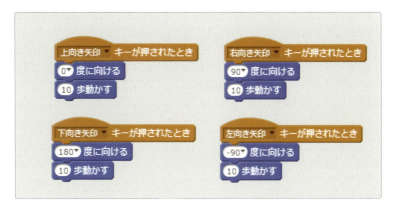

そのとおり。よくつかうからおぼえておこうね。

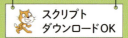

十両 2問目

〈問題〉
「もし〜なら〜」でスプライトを動かすには？

スプライトを矢印キーでそうさする、もうひとつの方法をおしえよう。「制御」にある もし なら をつかうんだ。
このブロックは「もし○○がされたなら、○○をする」という、ルールをつくるためのブロックなんだ。ここでは「右矢印キーが押されたなら、スプライトを右に動かす」といったルールを決めるよ。

これがそのスクリプトだね。あれ？ がクリックされたとき を押してみたけど、スプライトは動かないよ。もんだいないように見えるけど、なんでかなあ？

\ヒント！/ 「もし〜なら〜」のルールは「1回だけ」つかえればいいのかな？

66

〈答え〉

「もし〜なら〜」のブロックを「ずっと」でかこむのがポイント。

じつはね、すもうくん。問題のスクリプトのままでは、「もし〜なら〜」のチェックが、 がクリックされたとき をクリックしたあとの「1回だけ」しかおこなわれないんだ。「もし〜なら〜」をくりかえしおこなうようにするにはどうしたらいいと思う?

「くりかえし」はさっきも出てきたぞ! えっと、 ずっと をつかえばいいんじゃないかな!

いいぞ、すもうくん。正解だ。「もし〜なら〜」のスクリプト全体を ずっと でかこむんだ。そうすれば「もし〜なら〜」で決めたルールがずっとつかわれるぞ。

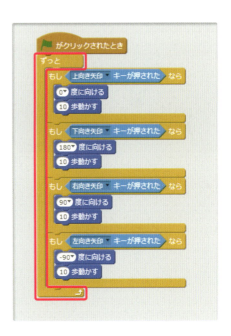

豆知識

「もし〜なら〜」をつかうときに、いっしょに、 ずっと をつかうことはとてもおおいから、まちがえることもおおいんだ。わすれないように注意しよう。

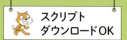

十両 3問目

〈問題〉
座標をつかって動きをコントロールできるかな?

さて、ここでは1つまえの問題の、応用問題を出すぞ。下のスクリプトは、スプライトを矢印キーでそうさするための、もう1つのやりかたで、「座標」をつかっているんだ。ただし、なにかがヘンなんだよ。どこがまちがっているか、見つけられるかな?

じゃ、実行してみるね(カチカチ)。たしかに、スプライトの動きがキーのとおりにならないや…。スクリプトを見てみると…。
ええっと、XとYってどうなっているんだっけ…。

\ヒント!/ 座標については30ページで勉強したね。わすれてしまった人は、この図を見ながら、おかしなところを探してみよう。

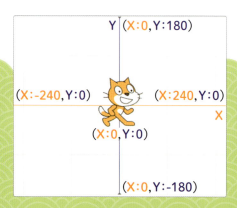

《答え》

Xは「左右」、Yは「上下」。
数字は「+」と「-」を確認しよう。

すもうくん、わかったかな。「右向き矢印キーが押されたとき❶」と「左向き矢印キーが押されたとき❷」の座標の数字がまちがっていたんだね。

Xは、「+」の数字で右に、「-」の数字で左に動くんだね。

そう。Yは「+」の数字で上に、「-」の数字で下に動くんだ。すもうくんも座標のことがわかってきたようだね。

豆知識

ここまで、スプライトを動かす2つのやりかたをおしえたね。ひとつは`10 歩動かす`をつかうやりかた、もうひとつは座標をつかったやりかただ。このようにスクリプトの正解は、ひとつとはかぎらないんだ。

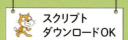

十両 4問目

〈問題〉
サイコロの目をかえるには どんなブロックをつかう?

> さて、こんどはサイコロをつくってみることにしよう。すもうくんはサイコロは知っているよね。

> もちろん知ってるよ。サイコロはふるたびに1から6までの数字が出るんだよね。

> 用意したスクリプトに、サイコロのスプライトを用意しておいたぞ。表示されているのは「1」の目だけど、2から6までの目がどこにあるかわかるかな?

> えっと…あっ、そうだ。スプライトの「コスチューム」だ! まえにならったよ。「コスチューム」のタブをクリックしてみると…あった、あった。サイコロの6つの目があるよ。

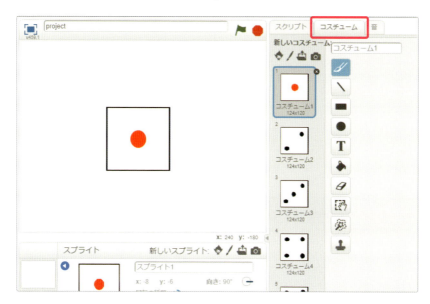

そう。スプライトはコスチュームをつかうと、たくさんの絵をもつことができるとおしえたよね。このコスチュームを利用するスクリプトをつくってみたよ。

なになに、🚩 をクリックすると、「つぎのコスチュームを表示する」❶というブロックを「30回くりかえしている」❷ね。これで、くるくるとサイコロの目がかわるんだね。…あれ？ おかしいぞ。なんどふっても同じ目しか出ないや。これじゃあサイコロにならないよ。

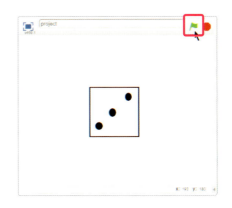

そうなんだ。そこで問題！ スクリプトを実行するたびに、1から6までの数字がバラバラに出るようにするには、どんなブロックをつかうといいかな。いろいろなブロックを見て、考えてみてくれ。

\ヒント！/ 実行するたびにバラバラな数字になることを「乱数」と呼ぶんだ。そのためのブロックが「演算」の中にあるよ。これをどうやってつかえばいいかな？

【レベル3　十両】

71

〈答え〉

「乱数」をつかうと、1から6までの目を バラバラに出せるぞ。

正解の説明をするまえに、まず「演算」にある
1 から 10 までの乱数 をクリックしてみよう。クリックするたびに、右上のふきだしに1から10までの数字のどれかが表示されるね。

ホントだ。まいかいちがう数字が表示されるよ。こういうのを乱数っていうんだね。

サイコロは振るたびにバラバラな数字が出るから、まさに乱数だね。では、この **1 から 10 までの乱数** のブロックをつかってみよう。まず、サイコロだからブロックの中の数字はどうすればいいかな?

1から6だから、数字を書きかえて、**1 から 6 までの乱数** にしたよ。

いいぞ。ではスクリプトをつくっていこう。問題のスクリプトでは **次のコスチュームにする** をつかって、つぎのコスチュームに切り替えていたけど、うまくいかなかったよね。そこでこんどは、**コスチュームを コスチューム1 にする** をつかうぞ。▼をクリックすると、つぎに表示されるコスチュームを指定できるんだ。

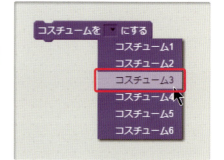

72

😦 でも、これだとまいかい同じ数字が表示されちゃうよ。

😐 うん。そこで、さっきつくった `1 から 6 までの乱数` のブロックを組みあわせるんだ。`コスチュームを コスチューム1 にする` の▼ぶぶんには、ほかのブロックをセットすることもできるんだ。

ブロックをセットするときは、上の図の矢印ように、はじっこどうしを重ねるようにするとうまくいくよ。

😄 わー、こんなこともできるんだね！

😐 これで、つぎに表示されるコスチュームを乱数で決めるブロックになったよ。これでまいかいちがう目が表示されるぞ。

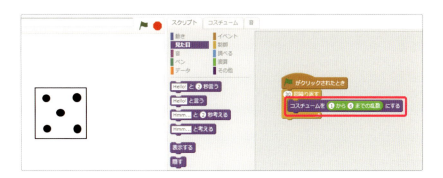

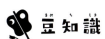
豆知識

ここでは `コスチュームを コスチューム1 にする` と `1 から 6 までの乱数` を組みあわせたけど、▼のあるブロックはほかのブロックをセットできるばあいがあるぞ。

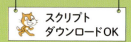

十両 5問目

〈問題〉

はみだし禁止！線の上をたどるスクリプトをつくれ！

お、すもうくん。Scratchで土ひょうの絵を描いたんだね。

うん。ステージの「背景」の画面で、絵を描くことができることに気がついたんだ。円のツールをつかって、描いてみたよ。

では、この絵をつかって土ひょうにそって、スプライトが動くスクリプトをつくってみようか。ここでつかうのが「色」を調べるブロックだ。

そういえば「調べる」っていうブロックがあるよね。えーっと、この青いやつだ。

「調べる」の中には、いろいろなブロックがあるけど、こんかいは ■色に触れた をつかってみよう。これは、スプライトが指定した色に触れたかどうかを調べるためのものなんだ。

74

土ひょうの茶色を調べるにはどうしたらいいの?

まず、マウスで 色に触れた の色のぶぶんをクリックするんだ。このばあいは青色の□だね❶。するとマウスの先が🖑にかわるだろう？ ここで画面上の調べたい色のぶぶんをクリックする❷。 色に触れた のようになった❸らOKだよ。

スクリプトを見てみると…まずスプライトを「10歩動かして❹」、「もし 色に触れた なら❺」、「右に5度回す❻」。これを、ずっと でくりかえしているんだね…。これだと、すぐに外に出てしまうよ。土ひょうにそって回るようにするにはどうしたらいいんだろう…？

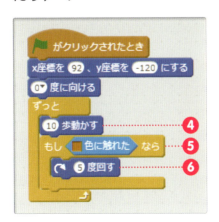 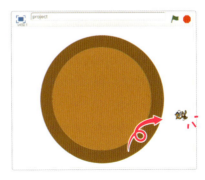

\ヒント!/ スクリプトは「もし土俵の中の色に触れたなら」「右に5度回転する」という内容になっているんだけど、「土俵の外に出てしまったとき」のことは決めていないね…。

〈答え〉

色を「調べる」ブロックを2つつかって動きをコントロールしよう。

🧑 すもうくん、スプライトが土ひょうの外に出ないようにするにはどうしたらいいか、わかったかな?

🧒「調べる」にある、ほかのブロックがつかえないかなと思ったんだけど、よくわからなかったよ…。

🧑 じつはね、いまつかった 色に触れた を、もう一回つかうんだ。すもうくんが描いた背景には、ほかにどんな色があるかな?

🧒 土ひょうのまわりのこい茶色と、あとは土ひょうの外の白色もあるけど…もしかして、この白を調べるの?

🧑 そう、そのとおり。正解のスクリプトを見てみよう。茶色を調べるブロックに、「土ひょうの外の白色に触れたなら」というスクリプトをつかしているぞ。すもうくん、この意味がわかるかい?

あっ、そうか！ 土ひょうの茶色にふれると外がわに回転して❼、土ひょうの外の白色にふれると内がわに回転する❽ということだね！

よくできた！ そう。そのルールのおかげで、茶色と白のあいだの「こい茶色」の上を歩いているように見えるんだ。ちょっとフラフラしてるけどね。

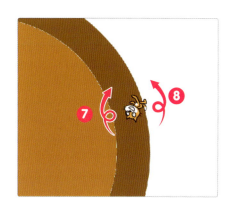

なるほどー！ 「調べる」っておもしろいね！

 豆知識

ロボットでもつかわれる「調べる」

今回のようなスクリプトは、「線をたどる」という意味で「ライントレース」と呼ばれるプログラムの一種なんだ。「LEGO MINDSTORM」や「mbot」のようなプログラミングできるロボットをつかうと、現実の世界でも同じように、線上をロボットにたどらせるようなことができるんだ。

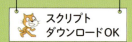

十両 6問目

〈問題〉
おいかけっこするためのブロック設定のポイントは？

こんどは「おいかけっこ」をしてみよう。まずは、用意したスクリプトを見てごらん。

「つっぱり力士」と「しこふみ力士」、それぞれスクリプトがあるね。

まずは「しこふみ力士」のスクリプトから見ていこうか。ずっとの中にマウスのポインターへ向けるがあるね❶。つまり、しこふみ力士は、ずっとマウスのポインターをおいかけて動く、ということになるんだ。

では、つっぱり力士のスクリプトはどうだろう。いまのままだと、同じくマウスポインターについてきてしまうね❷。これを「しこふみ力士をおいかける」ようにかえるにはどうしたらいいかな。

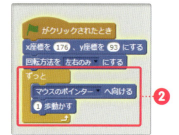

\ヒント！/ つっぱり力士がしこふみ力士をおいかけるようにするには、あるブロックのどこかの設定をかえないといけないんだ。わかるかな？

78

〈答え〉

「〜へ向ける」をつかうと、おいかける あいてを指定できる。

そうか！ マウスのポインター ▼ へ向ける の▼をクリックして、「しこふみ力士」をおいかけるようにかえればいいんだ！

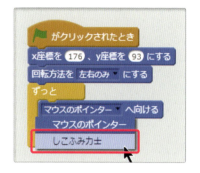

そう。これでおいかけっこの完成だ！つくってみてもおもしろいね。 おいかける力士をたくさん

豆知識

このスクリプトでゲームなどをつくるばあいは、動きに「乱数」のブロックを混ぜると、アクセントがつくぞ。たとえばつっぱり力士のスクリプトに、しこふみ力士の方向を向いたあとに、左右に最大100度のはんいでランダムな方向を向くようにしてみるんだ。ためしてみて。

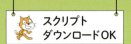

十両 7問目

〈問題〉
弾を発射する場所をどうやって指定する?

　親方、弾をうつスクリプトってどうやってつくればいいの?

　ふむ。それはちょっとむずかしいぞ。では、力士がタコスを投げるスクリプトをつくって説明しよう。

　タコスを投げるってなんかヘンだけど…ま、いっか。こういうばあいって、力士とタコスそれぞれにスクリプトがあるんだね。

　そう。スプライトごとにスクリプトをつくるんだ。まずは力士のスクリプトを見てみよう。Y座標を5ずつ増やすのを40回、5ずつ減らすのを40回くりかえしているね。Y座標は、上下をあらわす座標だから、これで力士が上にいったり、下にいったりすることになるね。

80

タコスのほうは…スペースキーが押されたら、まず座標を決めて❶、そのつぎに 表示する でタコスのスプライトを表示して❷、最後に 隠す ❸で消しているんだね。

表示する と 隠す のあいだでは、X座標を20ずつ増やすのを24回くりかえしているけど、これの意味はわかるかい？

えっと、X座標がふえると、右に動いていくはずだから…そうか、タコスが20ずつ右に動くということか。ということは「スペースキーが押されたらタコスを発射する」ってことになるね。じゃあ 🏁 をクリック

クして実行、っと…。あれ？　タコスが力士の手からはなれてしまうよ。いつも手元から発射するようにしたいのに。なにかがおかしいみたいだ。

ははは。じつはすもうくんのためにわざとまちがいを残しておいたんだよ。さあ、なにがいけないか、考えてごらん！

レベル3【十両】

\ヒント！/ タコスを投げるスタート地点を、「力士がいる位置」にあわせる必要があるよね。これをするためのちょうどいいブロックが「動き」の中にあるよ。探してみよう。

〈答え〉

スプライトの場所まで「移動」する
ブロックをつかう。

〔へ行く〕は、指定した場所に移動させるためのブロックなんだ。いっしゅんで移動させることができるぞ。このばあいは、どこに移動させるといいか、わかるかな？

タコスを発射する場所だから力士のところ？　あ、▼をクリックしてみると「力士」というこうもくがあるよ！

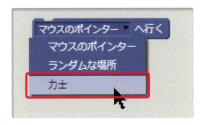

よく見つけたね。〔へ行く〕は、スプライトの場所も指定できるんだ。そこで、下のようにブロックといれかえると、タコスの発射位置がただしく動くようになるよ。

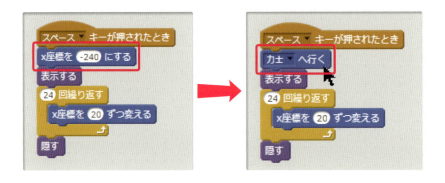

ホントだ！　できたー。ゲームみたいだ。

このスクリプトはゲームづくりによくつかわれるから覚えておこう。ほかにも、画面の適当などこかに移動する ランダムな場所へ行く などもゲームをつくるのにかかせないブロックだぞ。

豆知識

へ行く と同じことは、べつのブロックをつかってもできるんだ。「動き」にある x座標を 0 、y座標を 0 にする と、「調べる」にある x座標 (スプライト1) を組みあわせて、下の図のようなブロックをつくるんだ。これは、タコスのスプライトの座標と力士のスプライトと同じにする、つまりそのスプライトと同じところへ移動する、という意味になるよ。

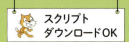

十両 8問目

〈問題〉
ぶつかったときに1度だけ音を鳴らしたい！

ゲームだと、スプライトどうしがぶつかって音が出たりするけれど、あれってどうすればいいのかな…。

お、すもうくん。自習とはえらいじゃないか。

うん。ネコとリンゴがぶつかったときに音が鳴るようにしたくて、スクリプトをつくっていたんだ。ネコのほうは、まえにならった、スプライトを動かすスクリプトをもとにしてつくってみたよ。

うん、よくできてるな。リンゴのほうのスクリプトはどうしたんだい？

スプライトがぶつかったかどうかは、「調べる」にある「〜に触れた」のブロックをつかって、「もしスプライト2（ネコ）と触れたなら音を出す」っていうスクリプトにしてみたんだ。

👨 いいぞ。「もし〜なら〜」をつかうときは ずっと をいっしょにつかうことがおおいとおしえたけど、ここでもひつようになるね。

🧒 でもなんかヘンなんだ。実行してみると、ネコがリンゴにぶつかっているあいだずっと音が鳴ってるんだよ。

👨 これは「もし〜なら〜」をつかうときによくあるまちがいなんだ。音が1回鳴ってから、2回目の音が鳴るまでに、しないといけないことがあるんだよ。

🧒 うーん、しないといけないことって、なにかなあ…。

\ヒント!/ ネコとリンゴがぶつかったときは「1回だけ」音を鳴らせばいいんだよね。だとすると、「しないといけないこと」とはなんだろう?

〈答え〉

音を鳴らしたら、2つのスプライトが はなれるのを「待つ」のがポイント。

これは実際に答えのスクリプトを見てもらおう。ちゅうもくしてほしいのは、 `pop ▼ の音を鳴らす` の下についかされた、 `スプライト2 ▼ に触れた ではない まで待つ` のブロックだ。「触れた」と「ではない」、「まで待つ」の3つを組みあわせたブロックだね。日本語にするとちょっとおかしいけれど、これはつまり、「リンゴからはなれるのを待つ」ということなんだ。

そうか、2つのスプライトがはなれるのを待てば、つぎの音が鳴るのは「ネコがリンゴからはなれたあと」になるから、音がつづけて鳴ることはなくなるんだね。でも、このブロック、どうつくるんだろう…。

`マウスのポインター ▼ に触れた` の ▼ をクリックしてつくった `スプライト2 ▼ に触れた` と、「演算」にある `ではない`、「制御」にある `まで待つ`、を組みあわせてブロックにしているよ。

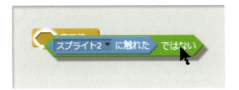

できた。すもうで「待った」はダメだけど、Scratchでは「待つ」がだいじなんだね。

そのとおり。すもうくん、うまいこと言うじゃないか。ははは。

 豆知識

もうひとつのやりかたも紹介しておこう。こちらは触れるのも「待つ」にして、それを「ずっと」でくりかえしているんだ。自分のわかりやすいほうでおぼえるといいぞ。

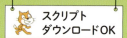

十両 9問目

〈問題〉
会話式の質問スクリプト そのポイントとなるのは？

- 今回は、算数の問題をといてくれるプログラムをつくってみよう。

- やったあ。このAIの時代に宿題なんかやってられないと思ってたんだ！

- こらこら。世の中そんなに甘くないぞ。今のところはたし算、ひき算だけだよ。

- なあんだ、がっかり。

- そんなことを言わずにまずはこのスクリプトを実行してごらん。

- ええっと、最初にたし算かひき算かをえらんで、「最初の数」と「つぎの数」を入れるんだね。3たす2は…5。うん、あってる。なかなかできるね！

質問するためのスクリプトのつくりかたは?

そりゃコンピューターだから当然だよ。ではここからはスクリプトをじっくりと見ていくぞ。

まず見てほしいのが、❶の 足し算なら1、引き算なら2を入れてね と聞いて待つ だ。 と聞いて待つ のブロックをつかうと、質問をすることができるんだ。そのとき入力された 答え は、モード に「変数」として記憶されるんだ。

「変数」は、かんたんに言うと、箱の中に数字を入れるようなことだと考えておくといいよ。ここではまず「モード」という名まえの箱をつくって、最初の質問の答えをいれておくことにした、というわけなんだ。それが モード を 答え にする のブロックのやくわりだよ。

こんかいのスクリプトでは、「モード」「最初の数」「つぎの数」と、3回質問をしているから、3つの数字がそれぞれの箱に入ったと思えばいいんだね。

そう。それらの数字をつかって計算をするのが、まえのページのスクリプトの❷のぶぶんだよ。下の図はそのぶぶんだけをはりつけたものだよ。

そうか。最初の質問で「たし算」をえらんだら、モードは「1」だから❸のスクリプト、「ひき算」をえらんだらモードは「2」だから、❹のスクリプトが実行されるんだね。それで、変数の「最初の数」と「つぎの数」をつかった計算をしているのか。

そのとおり。そこまでわかっていたら、もうちょっと考えてみよう。最初の質問でもし、3以上の数字を入れたばあいに、まちがっていることをおしえるスクリプトができないかな。

〈答え〉

「変数」をつかって
つぎの動きを決めよう。

ついかしたぶぶんのスクリプトを見てみよう⑤。まちがいかどうかのチェックは、 もし 答え ＝ 1 または 答え ＝ 2 なら でしているよ⑥。
でなければ

答え にはいった数字が、1または2「でなければ」、「1か2を入れてね」と言うようになっている⑦のがわかるかな。

「1」か「2」なら変数「モード」の箱に答えを入れて、それ以外の数字だったら、「1か2を入れてね」と聞きなおす、ってことだね。

そう。こんかいのような質問をくりかえす、会話のようなスクリプトをつくるばあいはこんなふうなくふうが必要になるよ。

レベル3 〔十両〕

91

保護者の皆様へ ❸

まだ学校で習っていないけど…

　レベル1でマイナス記号が出てきたように、Scratchを扱う上では学校でまだ習っていないことを使わなければならないことがあります。マイナスの他に、小数や割合（％）、角度などです。

　筆者がプログラミング教室を始めた頃は、子ども達にとっての未知の概念をどうやって教えたらいいのか、算数の授業のようなことをしたほうが良いのだろうか？　と悩んだものです。

　しかし、ふたを開けてみると子どもたちの吸収力は驚くべきもので、マイナスでつまずく子など一人もいませんでした。これは、自分で組み立てたブロックによってどう動くかがすぐ画面にフィードバックされるので、直感的に理解しやすいというのがその理由の一つだと思います。中には小学生でサイン・コサインを使いこなす子もいるくらいです。ですので、学校で習っている・いないはあまり気にしないようにしています。

　とはいえプログラムが複雑になってくると、子どもだけではわからないことが出てくるかもしれません。その場合はお父さん、お母さんがぜひ相談に乗ってあげていただければと思います。

レベル **4**

幕内（まくうち）

変数（へんすう）とクローンをつかいこなせ

LEVEL 4

大（おお）ずもうの世界（せかい）では、「幕内（まくうち）」まで昇進（しょうしん）するのはたいへんなこと。Scratchの世界（せかい）でもなかなかてごわい要素（ようそ）が登場（とうじょう）するぞ。それが「変数（へんすう）」と「クローン」だ。まずは用意（ようい）してあるスクリプトを試（ため）して、動（うご）かしながら考（かんが）えてみよう。すもうくんに負（ま）けるな！

93

幕内 1問目

〈問題〉
ぶつかったときの おかしな動きをなおそう

スクリプト
ダウンロードOK

 84ページで、ネコとリンゴがぶつかったときに音がするスクリプトをつくったよね。そのスクリプトをかいぞうして、「ネコが『ゲット!』と言ってからもとの場所にもどり」、「リンゴはランダムな場所へと移動する」スクリプトをつくってみたぞ。ただし、ちょっと問題があるんだ。

じゃ、まずは「ネコ」のスクリプトを見てみようかな。えっと…まず「矢印キーのそうさを決める」ぶぶん❶があって、そのあと「リンゴに触れたら、X:0 Y:0に移動して、『ゲット!』と言う」ぶぶん❷がつづいているね。

94

リンゴの方はどうかな。

えっと、こっちは もし なら をつかって、「ネコのスプライトに触れたらランダムな場所にいく」となってるね。親方のいったとおりにできているように思うけど、なにがおかしいの?

実行してみるとわかるんだけれど、ネコはもとの場所にもどるんだけど、リンゴが動かないんだよ。

あっ、ホントだ。スクリプトでは「ランダムな場所」に移動するようにしてあるのに、ずっと同じ場所にあるね。

スクリプトは、つくったようにしか動かないから、なにかおかしなことがおきているんだよ。どんなことがおきているのか、ちょっとむずかしいけれど考えてみよう。

ヒント! Scratchでは、まったく同時にしょりすることはできないんだ。ネコとリンゴのどちらかの判定が先におきているとしたら…?

〈答え〉

ぶつかったことを知らせる「メッセージ」をつかってみよう。

ちょっとむずかしいんだが、Scratchの内部では、「ネコがリンゴに触れたしゅんかん」と、「リンゴがネコに触れたしゅんかん」は、同時とは判定されず、ネコがりんごに触れたしゅんかんを先におきたことと理解してしまうんだ。ネコはリンゴに触れるとすぐにその場所を、はなれてしまうだろう。だから、リンゴがわから見ると、「ネコには触れていない」ということになってしまっているんだよ。

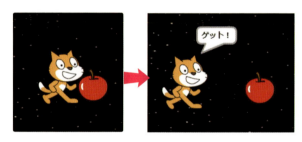

2つの判定は同時にはできないんだね。

こんな問題がおきないようにするためには、ネコのスプライトから、リンゴのスプライトに、「触れたよ」とメッセージを送るといい。ちょくせつメッセージを送ればまちがうこともないだろう？

そのメッセージというのはどうやって送るの？

ネコのスクリプトに、を、リンゴのスクリプトにを組みこむんだ。まずは、▼じるしをクリックして、「新しいメッセージ」を選び、名まえをつけるんだ。ここでは「リンゴに触れた」にするよ。

ネコのスクリプトでは、リンゴに触れたを送るを入れればいいんだね。

リンゴのほうは、最初のスクリプト❺から、メッセージを受けるスクリプトにへんこうしたよ❻。

わーい！ うまくいったよ！

豆知識

メッセージには好きな名まえをつけることができるよ。あとで見てもわかりやすいようにしておくのがコツだ。

幕内 2問目

〈問題〉
怪奇現象!? マウスの大量クリックを解決せよ！

スクリプトダウンロードOK

さあて、すもうくん。今回は「なぞの怪奇現象」のひみつをといてくれ。1回しかマウスをクリックしていないのに、何千回、何万回もクリックしていると表示される現象なんだ。まずスクリプトを見てくれ。

🏴 が押されたら、まずはクリック数を「0」にして❶、そのあと「ずっと」と「もし〜なら〜」をつかって、マウスが押されたときに「クリック数を1ずつかえる」❷ようにしているんだね。うーん、これのどこがまちがっているんだろう。まさか、ホントにオバケじゃないよね…？

すもうくん、オバケをうたがうまえに、もっとじっくり考えてみるんだ。

 ヒント！ まえにも似たような問題があったぞ。音がなんども鳴ってしまうトラブルだ。（☞84ページ）マウスが押されたチェックは、ほんとうに1回だけしかしていないのかな？

〈答え〉

「待つ」のブロックをつかって、クリックが終わったときにカウントしよう。

 84ページの、音の問題を思いだしたかい？ 考えかたは同じだぞ。パソコンはものすごく高速で動いているから、マウスをクリックしたいっしゅんで、高速にスクリプトが実行されるんだ。だから、「ずっと」のあいだを何万回もグルグルまわってしまうんだね。

 そうか、こういうときは…「待つ」のブロックをつかうんだね！

 そうだ。すぐにクリック数を増やすのではなく、クリックが終わるのを「待って」からクリック数を増やすんだ。つまり、クリックするボタンをはなすタイミングまで待ってからクリック数を増やそうということなんだ。

 オバケじゃないならひとあんしん！

豆知識

このように、パソコンの処理スピードが速すぎることが理由のトラブルは、いろいろなところでおきるよ。なにかヘンだな、と思ったらうたがってみよう。

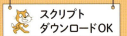

| 幕内 3問目 |

〈問題〉
とくてんを記録するスクリプトをどうつくる?

さて、さっきつくった「リンゴとぶつかったらネコが『ゲット!』という」スクリプトに、とくてんを表示する機能をつけくわえてみようか。

やった! とくてんがつくとゲームみたいになるね! でも、そのためにはどうすればいいのかなあ。

とくてんをつけるには「変数」をつかうんだ。変数はまえにも一度出てきたけれど、おぼえているかい?

うん。数字や文字をいれておく「箱」のようなものだったよね。答えを入れておいて、あとでつかえるようにしておくんだよね。

そう、そのとおり。まずはそのつくりかたを確認しよう。まずは「デー

100

タ」にある ボタンをクリックしてみよう。そうすると、図のようなウインドウが表示されるから、名まえを付けて、OKをクリックするんだ。

ここでは「とくてん」という名まえにしたよ。

変数ブロックのやくわりを知ろう

そうしたら「データ」の中に、4つのブロックがあらわれたはず❶。それと画面の左上に、変数を表示する窓が表示されただろう❷。いまは「0」と表示されているけど、これは、まだ変数の中になにも入れていないということを示しているんだ。

では、この変数をそうさするブロックを説明するよ。まずは、を0にする。これは変数を好きな数字(文字)にセットするものだよ。たとえば、ゲームスタート時に、とくてんを0にするときなどにつかうんだ。🚩のすぐ下におくことがおおいよ。

そうか、わかってきたぞ。じゃあ ~を①ずつ変える は変数の数を、指定した数だけ増やしたり、減らしたりするためのブロックだね。

うん、そうだ。減らしたいときには、座標と同じように「-（マイナス）」の数字を入れればいいね。
変数 とくてん▼ を表示する と 変数 とくてん▼ を隠す は変数の表示を出したりかくしたりするためのブロックだ。ただし、かくしても変数の中身は消えないよ。

これらのブロックをつかってスクリプトをつくればいいんだね。

よし。では、「りんごを取ったらとくてんが増える」スクリプトを考えてみよう。流れとしては、ネコが「リンゴと触れたら、リンゴに向けてメッセージを送り」、リンゴのほうで「とくてんにかんするスクリプトを動かす」というふうにするのがよさそうだ。

\ヒント！/ 「とくてん」は、メッセージを受けとったところで、1点ずつふえていくようにしよう。

〈答え〉

変数に入った数字を、増やしたり
減らしたりしてとくてんにする。

ネコのスクリプトはさっきと同じでいいね。「もし〜なら〜」をつかって、メッセージを送るようにしているよ。

よしよし、いいぞ。ネコを動かすスクリプトや、セリフを言わせたりもしているところも同じだね。じゃあ、リンゴのほうはどうかな?

レベル4【幕内】

103

〈答え〉

🧒 うん、こっちは考えてみたよ。「メッセージを受けとったとき」に「とくてんを1ずつ増やす」ようにしたんだ。これでいいよね！

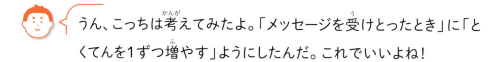

👨 おしい！　すもうくん、このスクリプトだけだと、2度めに遊ぶときに、変数の「とくてん」が「0」からはじまらないぞ。

🧒 あっ、そうか。で、変数を「0」にしなくちゃいけないんだった。

👨 そう。よくわかったね。上のスクリプトにもうひとつ、べつのスクリプトをくわえるといいよ。

🧒 そうすると、リンゴのほうは2つのスクリプトにわけておくんだね。よし、実行してみるぞ。とくてんがちゃんとふえていくよ。やったー！

 豆知識

こんかい「とくてん」を表示している変数の表示は、マウスで自由に移動ができるし、表示のしかたも3種類用意されている。これはダブルクリックでへんこうができるよ。

幕内 **4** 問目

〈問題〉
正しい順番でさわったときだけ正解にするには?

すもうくん、ここではネコのスプライトを動かして、リンゴ、ドーナツ、バナナの3つのスプライトにタッチするスクリプトをつくるぞ。

ただし、それだけではつまらないから、❶リンゴ→❷ドーナツ→❸バナナの順番にタッチして、それぞれ「1番目ゲット!」「2番目ゲット!」「3番目ゲット!」とコメントすることにしよう。

そしたら、まずはリンゴ、ドーナツ、バナナのスプライトを用意して、それぞれ表示する位置を決めよう。スクリプトは同じで、座標だけかえればいいな。

ネコのスクリプトはこんなふうにしよう。まずはまんなかに配置して、そのつぎが矢印キーで動きまわるスクリプトだね。ここまではこれまでやってきたとおりだよ。

コメントのところは、「もし〜なら〜」をつかおう。「もしリンゴにふれたなら、『1番目ゲット！』と言う」スクリプトにしてみよう。これももう勉強したから大丈夫。まず マウスのポインターに触れた の▼をクリックして「Appleに触れた」にへんこうして、それを もし なら と組みあわせて、最後に Hello!と2秒言う を組み合わせる、と。これでどう？

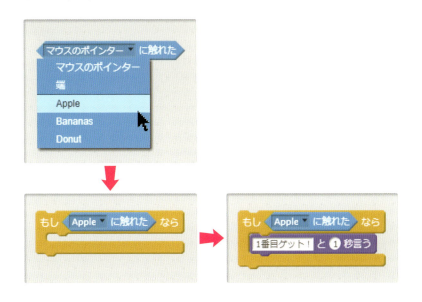

ふむふむ。ドーナツとバナナのぶぶんも、同じようにつくって、スクリプトを完成させたね。どれどれ、実行して試してみよう。
あれ、すもうくん。これだと、リンゴにはいつふれても「1番目ゲット！」、ドーナツは「2番目ゲット！」、バナナが「3番目ゲット！」になってしまう。順番がめちゃくちゃになるぞ。

あーほんとだ。どうしたらいいのかなあ…。

ヒント！ 「もし〜なら〜」のスクリプトがうまくいかないばあいは、「あのブロック」をつかうんじゃなかったかな…

〈答え〉

あらかじめ順番をきめておくばあいは「待つ」のブロックをつかおう！

「待つ」というブロックには、その言葉の意味から、スクリプト全体の動きをとめて待つようなイメージがあるもしれない。たしかに、そういうつかいかたができるのだけれど、「順番に処理をおこなうばあい」にもつかえるんだよ。こんなスクリプトにへんこうしたよ。

❶でリンゴに触れるまで待っているから、ドーナツやバナナに触れても、ネコはなにも言わないんだね。

そう。だから❶リンゴ→❷ドーナツ→❸バナナの順番に触れてはじめて「1番目ゲット！」「2番目ゲット！」「3番目ゲット！」と言うようになるんだ。ただ、このほうほうをつかうばあい、もとのスクリプトと分けてべつのスクリプトにしておく必要があるよ。

レベル4 【幕内】

109

幕内 **5**問目

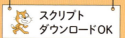

〈問題〉

大量のリンゴがふりそそぐスクリプトをつくりたい

 すもうくんはリンゴが好きだっけ？

 うん、くだものの中では一番好きだよ。今日も1個食べたし。

 そうか。じゃあ、リンゴ好きのすもうくんのために、上からりんごがどんどんふってくるスクリプトをつくってみようか。

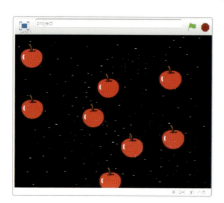

 うーん、好きだからといって、上からふってこなくてもいいんだけど…。でもなんか楽しそうだね。たくさんのリンゴってことはスプライトをたくさんつかうの？

 いや、スプライトは、ひとつずつ形のちがうキャラクターやアイテムをあつかうのに向いているんだ。それに、同じリンゴにひとつずつスクリプトをつくるのはめんどうだしね。
そこでScratchには、ひとつのアイテムを複製して、大量に表示するための機能が用意されているんだ。「クローン」だよ。

110

あっ、そのブロック見たことがあるよ。たしか「制御」の中にあったな。これだこれだ。スプライトを複製するためにつかうのか。

クローンをつくって、リンゴをふやす

つかいかたはかんたんだよ。複製したいスプライトのスクリプトに 自分自身▼のクローンを作る を組みこめばいいんだ。では、すもうくん、そのクローンをたくさんつくるにはどうしたらいいかな?

たくさんつくるということは、くりかえしつくりつづけるということだから、 ずっと をつかえばいいんじゃないかな。これでどうかな。

いいぞ、正解だ。ただし、そのスクリプトだと、たくさんクローンがいっきにできてしまうから、こんなふうに「待つ」のブロックを入れて、ちょっと時間をあけるといいだろう。

さて、クローンをつかうには、いくつかポイントがあるんだけど、そのひとつは、つくったクローンの動きをきめるスクリプトをつくらないといけない、ということなんだ。そのためにあるのが クローンされたとき だよ。

このばあい、クローンされたリンゴの動きを決めるんだね。

そうだ。ではつくったスクリプトをみてくれ。「クローンされた」クローンは、X座標が「-240から240まで」のあいだのどこかに乱数で、Y座標は180の位置に表示される❶。つまり、画面のいちばん上のどこかに表示されるということだね。そこから-10ずつかえることで下に向かって落ちてくる❷。

でも親方、実行してみるとなんだかおかしいところがあるよ。

ん？　そ、そうか？　じゃあ、すもうくん、なおしてくれるかな。

\ヒント！/　画面のまんなかに、リンゴが表示されたままなのはなんかおかしいね。それに、下にたまりつづけるリンゴは、つかわないから消してしまいたいな…。

112

〈答え〉

クローンで大量のアイテムをつくれる。ただし、使用方法のルールは知っておこう。

親方のスクリプトだと、まんなかにリンゴが残ったままだよ。表示するを隠すにかえたらいいんじゃないかな。こんなふうに。

そうだそうだ。すもうくん、ありがとう。それともうひとつ、まちがいに気がついたよ。クローンされたリンゴのスクリプトの最後にこのクローンを削除するをつけないといけなかったんだ。これがないと、リンゴがたまりつづけてしまうんだ。

りんごがたまってちゃいけないの?

じつはクローンの数には限界があって、300個までというルールがあるんだ。それ以上つくろうとしても、表示されなくなってしまう。だから、いらなくなったクローンはすぐに消してしまったほうがいいんだよ。

レベル4
【幕内】

113

幕内 6問目

〈問題〉

クローンの中の1つだけを当たりにするには？

> クローンのつかいかたを学んだところで、こんどは3つの箱の中で、1つだけが「当たり」になるようなスクリプトをつくってみよう。

> え？　クローンって同じものをつくるための機能だよね。3つのうち1つをちがう種類の箱にすることなんてできるの？

> すもうくん、いいところに気がついたね。たしかにそうなんだけれど、ここではクローンでつくった3つの箱それぞれに「変数」をつかって、1から3までのばんごうつけて、当たりかどうかをきめることにしようと思うんだ。変数をつかえば、クローンにも、「ちがうぶぶん」をもたせることができるんだよ。

そうなのか、なるほどね。で、これがクローンをつくるためのスクリプトだね。うーんと、ここでは 自分自身 のクローンを作る でクローンをつくって❶、 ばんごう を 1 ずつ変える で、それぞれのクローンに変数をふっているんだね❷。番号を1ずつふやすのをを3回くりかえしている❸から、1から3の番号がふられるのか。

そのとおり。ただし、いまのスクリプトにはひとつ問題があって、うまく動かないんだ。それを直したいんだけど、いきなり正解するのはむずかしいから、まずは実際に試して、なにがおかしいのかを見つけてほしいんだ。

どうすればいいの?

用意したスクリプトの中に組みこまれている「ばんごう」をすべて「ばんごう(このスプライトのみ)」にかえて、そのちがいを見つけてほしいんだ。 ばんごう を 1 ずつ変える のところも、 ばんごう のところもすべてだぞ。ぜんぶで3かしょあるよ。

115

〈答え〉

クローンごとにべつの変数をふるには「このスプライトのみ」を選ぶ。

すもうくん、いれかえるまえとあとの、ちがいがわかったかい？

うん。 ばんごう のほうだと、なんかいやっても「はずれ」しか出ないんだ。それが ばんごう(このスプライトのみ) に変えたら、3つのうち1つ、必ずあたりが出るようになったよ。

そう。では、スクリプトの中でどんなことがおきていると思う？

うーんと、今回のスクリプトは「乱数」をつかって1から3のうちの1つをあたりにしているんだよね。 ばんごう のときは、毎回、はずれの数字がふられていたんじゃないかな。「2」「2」「2」みたいに。

ふむふむ。

それを  にすると、「1」「2」「3」と、ちゃんと3つの数字が入っているから必ずあたりが出る、と。

うん、そうだね。ではそれぞれのなにがちがうのかというと、変数のつくりかたがちがうんだ。変数をつくるには「データ」にある 変数を作る をクリックする

んだったよね。すると図のようなボックスが表示される。ここでのポイントは「すべてのスプライト用」と「このスプライトのみ」のちがいなんだ。ばんごう では「すべてのスプライト用」にチェックを入れて、ばんごう(このスプライトのみ) は「このスプライトのみ」にチェックを入れたんだ。

「このスプライトのみ」にチェックを入れて変数をつくったから、それぞれの箱に「1」「2」「3」みたいなバラバラの数字が入るってこと？

そうだ。「このスプライトのみ」の変数にすれば、クローン1つ1つがべつべつの変数を持つ、とおぼえておくといいね。

豆知識

「このスプライトのみ」でつくった変数は、その言葉通りほかのスプライトやクローンで扱うことはできない。ただし、「調べる」にある 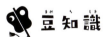 をつかうと、変数の中を見ることだけはできるよ。

レベル4 【幕内】

117

幕内 **7** 問目

〈問題〉

クローンでメッセージをつかうときのトラブルとは？

スクリプト
ダウンロードOK

親方、勉強してきたことをもとに、ネコが弾をうつスクリプトをつくってみたんだ。

ほほう。まずはネコのスクリプトを見せてもらおうか。弾の発射に「もし～なら～」と「ではない」「待つ」の組みあわせをしているな。これは84ページの「ぶつかったときに音を鳴らす」でおしえたスクリプトだね❶。メッセージもつかっているね❷。

うん。発射されたら、弾のスプライトに「発射されたよ」って、メッセージを送っているんだ。

では弾のスプライトも見てみよう。スクリプトを3つに分けているね。ここまでおしえたとおり、 `がクリックされたとき` のあとで `隠す` して、 `クローンされたとき` のあとで `表示する` のもできているな。

118

うん。メッセージを受け取ったらネコのところまでいって、クローンをつくって ❸、右に向けて弾を発射する ❹。それで最後にいらなくなったクローンがたまらないように `このクローンを削除する` しているよ。

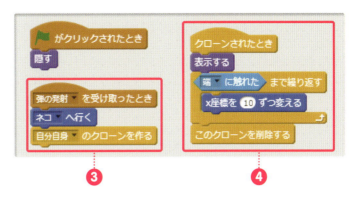

おしえたことがきちんとできているね。では実行してみよう…。おや、スペースキーを連続して押すと、弾が右はしまで届かないね。

ほんとだ。これじゃあゲームにはつかえないなあ。

弾が右はしまで届くようにする、スクリプトをかえないといけないね。どうすればいいかな。

> **\ヒント!/** このスクリプトで「弾の発射」のメッセージを受けとっているのは「弾」のスクリプトだよね。ただし、クローンされた弾も同じメッセージを受けとってしまっているんだ。

119

〈答え〉

クローンもメッセージを
受けとってしまうことに注意する。

> すもうくん、まえのページのヒントでもつたえたとおり、送ったメッセージは、弾のスプライト本体だけじゃなくて、クローンも受けとってしまっているんだよ。これだと、クローンがメッセージを受けとって、そのクローンがさらにクローンをつくり…と雪だるま式にクローンが増えてしまうんだ。

> なるほどー。なら、どうすればいいんだろう。

> すもうくんのスクリプトでは、「弾」のほうのスクリプトでクローンをつくっているけど、これを「ネコ」の方のスクリプトで「弾」のクローンをつくるようにするのはどうかな。

> 弾が自分自身のクローンをつくるんじゃなくて、ネコが弾のクローンをつくるってこと？　べつのスプライトのクローンをつくることもできるの？

そうなんだ。じゃ、スクリプトを直してみよう。まずはネコのスクリプト。メッセージを送っていたぶぶんに、弾のクローンをつくるためのスクリプトを入れて、と。

弾のスクリプトではメッセージを受けとるスクリプトはとりのぞいてしまい、あとは「クローンされたとき」のスクリプトに「ネコへ行く」を加えれば、弾はネコのいる場所から発射されるよ。

ちゃんと弾が出るようになったよ！　やったー！

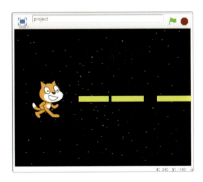

保護者の皆様へ ④

わからないことが出てきたら?

S cratchを使っていてわからない点が生じたら、どうしたらよいでしょうか。まずはScratch公式の以下のサイトを見てみましょう。

■ **Scratch wiki** https://ja.scratch-wiki.info/wiki
■ **ディスカッションフォーラム** https://scratch.mit.edu/discuss/18

「wiki(ウィキ)」とはインターネットではよく使われる、たくさんの人が情報を持ちより、まとめておくためのサイトのことです。そう、「Wikipedia」のwikiですね。Scratch wikiには2018年3月現在で384個の記事がありますから、うまく検索すれば解決の手がかりをつかめるでしょう。

ディスカッションフォーラムは、質問をすると上級者の先輩たちがそれに答えてくれる場です。人との交流は役立ち、なにより楽しいものですが、ネット上でのコミュニケーションには難しい面もあります。トラブルを防ぐためにいろいろなルールがフォーラムには存在します。ある程度の年齢までは、お父さん、お母さんがそばについてあげることをお勧めします。

ただし、究極かつ最善の方法は「気軽に聞ける相手を見つける」ことです。近場のスクールを検討してもいいですが、IT企業に勤める知人・親戚がいらっしゃれば聞いてみるのも手です。エンジニアは(私を含め)問題解決が大好きなので、きっとあの手この手で解決を手伝ってくれると思います。

レベル **5**

三役
さんやく

アルゴリズムを
つくりだそう

LEVEL 5

いよいよ「三役
さんやく
」まできたぞ！　三役
さんやく
とは、大
おお
ずもうの小結
こむすび
・関脇
せきわけ
・大関
おおぜき
のこと。横綱
よこづな
をめのまえにした重要
じゅうよう
な役
やく
だ。むずかしいブロックもとうじょうするが、だいじなのはスクリプト全体
ぜんたい
のながれ（アルゴリズムとよぶ）を考
かんが
えること。じっくりとりくもう！

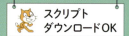

三役 1問目

〈問題〉
自動で正三角形を描くスクリプトをつくるには？

いよいよすもうくんも三役まで昇進してきたね。ここからは、なかなかてごわいスクリプトが登場してくるぞ。気合いを入れてがんばってくれ。さあ、まずは「ペン」をつかったスクリプトを学んでいこう。

ペンって、線を描くペンのこと？　そういえば「ペン」というブロックってなんだろう、と思っていたんだ。

ペンをつかうと、実際のペンで描くように、スプライトの動きに沿って線を描くことができるんだよ。ためしに用意したスクリプトを実行してみてくれ。黄色の線で三角形が描けただろう。

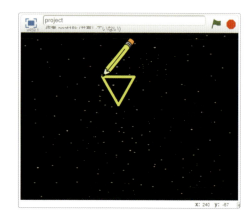

ホントだ！ スクリプトはどうなっているんだろう。えーっと…。ペンをつかったブロックは、まず 消す があるね❶。これはまえに描いてあった線を消すブロックだね、きっと。そのあと、ペンの太さや色を決めて…。えっと ペンを下ろす ってなんだろう❷？

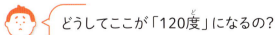

言葉の意味そのままだよ。ペンを紙の上におろして、線を描く準備をするってことだね。それで70歩ぶん動かして、ペンを回転させる❸んだ。

どうしてここが「120度」になるの？

図形を描くスクリプトをつくるには、図形の「外角」を知らないといけないんだ。外角というのは下の図のぶぶんのことを言うよ。三角形の外角は120度。この外角のぶん、ペンを回転させるんだ。

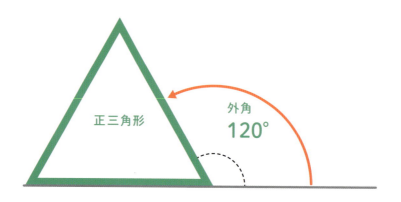

この外角は図形によってかわる…のかな?

まだ図形の勉強をしていない小学生にはむずかしいけど、外角は図形によって決まっているんだ(下の表)。ちなみに、この数字は「360÷辺の数」というわり算で計算できるぞ。

図形	外角の角度	計算式
正3角形	120度	360 ÷ 3 = 120度
正4角形	90度	360 ÷ 4 = 90度
正5角形	72度	360 ÷ 5 = 72度
正10角形	36度	360 ÷ 10 = 36度

ふーん。そういうふうに決まっているんだね。

では問題だ。さっきのスクリプトをすこしかえて、いろいろな図形を描けるようにしてごらん。

   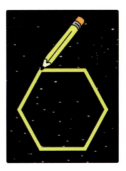

\ ヒント！/ さっき出てきた「外角を計算する式」をどこかに入れることができれば、図形を自動で描くスクリプトになるね。

〈答え〉

図形の「外角を計算する式」を
スクリプトに組みこもう。

あらためてスクリプトを見てみよう。ペンを回転する角度を決めているのは❺のブロックだったよね。ここに「外角」を決めるための計算式を入れるといいんじゃないかな。

そうか！　ここにさっきおしえてもらった「外角」を計算するための式の「360 ÷ 辺の数」を入れればいいね。

❹で入力する変数「辺の数」をつかって、❼のように式をいれればいいね。式の中の「/」は「÷」と同じ意味だよ。こうしておくと、上の❹に好きな数字を入れることで描く図形の形をかえることができるぞ。

ちなみに、❻で「辺の数*2」として、描く辺の数を2倍にしている（「*」は「×」と同じ意味）が、それは豆知識のコーナーで星を描くときにつかうためなんだ。

ペンで絵をかけるのはわかったけど、あらかじめ背景として描いておくのとどうちがうの?

たとえば、CGを描くのに利用したり、ペンで背景やキャラクターをかいて、高速で消したり描いたりをくりかえしてゲームをつくったりするんだよ。ちなみに「横綱 5問目」（☞176ページ）では、このペンをつかってふくざつなグラフィックづくりにちょうせんしているぞ。

へえ、ペンっていろいろなつかいみちがあるんだね。

 豆知識

いまつかったスクリプトで星を描くこともできるぞ。星の形の外角は、144度。それをもとに計算してみると、360 ÷ 144 = 2.5だから、星は正2.5角形ということになるんだ。正解のスクリプトで「辺の数」に「2.5」と入れてためしてみよう。

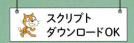

三役 2問目

〈問題〉
大量の変数をあつかう
リスト。その入力方法は?

 ペンにつづいて、もうひとつ新しいブロックをおしえよう。それは「リスト」。リストはね、変数と似たはたらきをするブロックなんだ。

 「データ」の中に「リスト」っていう言葉があるのを見たことがあるよ。それ、どんなときにつかうの?

 リストはいくつかの変数をまとめて1つにしたものだと考えるといいね。
たとえば「力士Aの体力」「力士Bの体力」「力士Cの体力」と、3つの変数をつかったスクリプトをつくるとしよう。変数をつかってひとつずつ入力してもいいんだけど、それだと50人とか100人とか、数がおおくなると入力するのがめんどうだよね。それをまとめて指定するための方法がリストなんだ。

さっそくやってみるよ。「リストを作る」を押して、と。ここで名まえをつければいいんだね。

ここでは「十二支」のリストをつくるから、「干支（えと）」と入力してくれ。ところですもうくんは十二支をぜんぶいえるかな。

もちろん！　それをひとつずつリストについかしていけばいいんだね。まず、1のところに「ね」と入力して、「Enterキー（またはReturnキー）」を押して確定して、と。つぎに2のところに「うし」、それから「とら」、「う」、「たつ」、「み」…と。できたよ！

じつは、リストの入力はスクリプトからおこなうこともできるんだ。そのばあいはこんなふうにスクリプトを組むよ。すもうくんなら、もうこの意味はわかるよね。

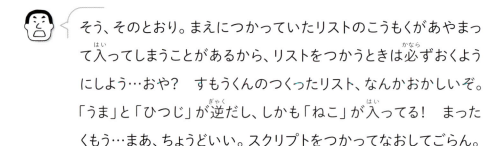

えっと…、2つめは「ね」をリスト「干支（えと）」についかするってことだね。最初の行に 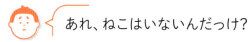 をおくのは、まえにつかったリストの中身がのこされたままになるのをふせぐため、かな？

そう、そのとおり。まえにつかっていたリストのこうもくがあやまって入ってしまうことがあるから、リストをつかうときは必ずおくようにしよう…おや？　すもうくんのつくったリスト、なんかおかしいぞ。「うま」と「ひつじ」が逆だし、しかも「ねこ」が入ってる！　まったくもう…まあ、ちょうどいい。スクリプトをつかってなおしてごらん。

あれ、ねこはいないんだっけ？

\ ヒント！ /
「データ」の中のブロックでどれがつかえそうかな？　右のブロックを組みあわせてみてはどうだろう。

132

〈答え〉

リストは直接入力するだけでなくスクリプトでつくることもできる。

ここでは2つのやりかたを紹介しておくよ。1つめはシンプルなやりかた、2つめのは、1▼番目（ list▼ ）をつかってリストから「うま」を取得し、そのままリストについかしているね。こういったつかいかたもおぼえておくと、リストのつかいみちが広がるよ。

```
がクリックされたとき
8▼ 番目を 干支（えと）▼ から削除する
うま を 7▼ 番目に挿入する（ 干支（えと）▼ ）
11▼ 番目（ 干支（えと）▼ ）を いぬ で置き換える
```

```
がクリックされたとき
8▼ 番目（ 干支（えと）▼ ）を 7▼ 番目に挿入する（ 干支（えと）▼ ）
9▼ 番目を 干支（えと）▼ から削除する
11▼ 番目（ 干支（えと）▼ ）を いぬ で置き換える
```

豆知識

リストはパソコンで編集したデータを読みこむこともできるよ。たくさんのデータを一度に入れたいときにおすすめだ。まず1行に1つの値を書いたテキストファイルをつくって保存しておく。そのファイルを、リストを右クリックして「読み込み」を選択しよう。

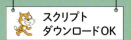

三役 3問目

〈問題〉
リストをつかって干支を答えるスクリプトをつくる

👨 さて、まえの問題でつくった「干支」のリストをつかって、便利なスクリプトをつくってみよう。生まれた年を入力すると、その年の干支をおしえてくれるスクリプトはどうかな。

🧒 うわー、そんなことができるの？

👨 そうなんだ。まず用意したスクリプトを実行して、どんなものか試してごらん。

🧒 よし、実行っ、と。まずは生まれた年を入れるんだね。じゃあ「2008」と入力して、と。あれ「干支は「　」だよ」だって…。答えが表示されないよ。

👨 スクリプトはどうなってるかな？

134

🧒 えっと、まず `生まれた年（西暦）は？と聞いて待つ` で、生まれた年をたずねて❶、つぎのブロックは、リストを見て「`答え`番目の干支」を答えるようになってるんだね❷。

👨 そのとおり！

🧒 ということは…ここでは「2008番目の干支」を答えるってこと？ そんなのないよー！

👨 ははは、確かにそうだね。リストには12個しかないからね。試しに、生まれた年に1から12までの数字を入れてごらん。その数字の干支を答えてくれるよね。じゃあすもうくん、このスクリプトをどうなおせば正しく干支を答えるようになるかな？

🧒 わかった！ リストに2008個データを入れるんだ！

👨 ガクッ。もっとかんたんなやりかたがあるから、ちゃんと考えなさい！

\ヒント！/ 干支は12年ごとにくりかえしているよね。このように、周期性があるものをプログラミングするときは、「演算」にある `●を●で割った余り` をつかって計算でみちびくことはできないかな…。

135

〈答え〉

リストの内容をよびだすための計算式を考えるのがポイント。

干支を計算でみちびきだすほうほうを考えてみるよ。ヒントにもあったとおり、干支は12個をくりかえしていくよね。だから西暦を12でわり算してみると、ヒントが見つかりそうだ。下の表を見てごらん。

西暦	12でわり算する	あまり	干支
2015	2015÷12＝167	11	ひつじ
2016	2016÷12＝168	0	さる
2017	2017÷12＝168	1	とり
2018	2018÷12＝168	2	いぬ
2019	2019÷12＝168	3	い

西暦を12でわったときの「あまり」の値は、0から11になるんだ。作成したリストの番号は1から12までだから、まず、「あまり」の数字に1をたすスクリプトをつくらないといけないね。

●を●で割った余り のブロックをつかって、こんなブロックをつくってみたらどうだろう→ 答え を 12 で割った余り ＋ 1 。

いいね。すもうくん、ただしこのままだと、答えが1のときが「さる」、2のときが「とり」、3のときが「いぬ」…と、もともとの干支の順番と、ずれてしまっているね。

そうか…あ、それなら、リストのほうのならべかたをずらせばいいんじゃないかな！

左がもともとのリスト、右が1を「さる」にしたリスト。この右のリストをつかえば、計算のけっかとバッチリあうはずだよ。

では試してごらん。

やったー、ちゃんと答えてくれるようになったよ！

豆知識

今回のように、数字をたずねるプログラムでは、あやまって、数字ではない答えを入力したときのことを考えて 答え が数字なのか、そうでないかを確認して、もし数字でない答えが入力されたばあいはもう一度ききなおすようにしたいよね。

そのばあい、右のようにすれば数字かどうかを確認することができるよ。なぜそうなるのか、考えてみてくれ。

137

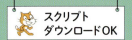

三役 4問目

〈問題〉
4つの数字をランダムにならべるにはどうしたらよい?

すもうくんは「マスターマインド」というゲームを知っているかな? Scratchが決めた4つの数字と、その順番を予想して当てるゲームだよ。このゲームづくりを横綱しょうかくの最終試験としようかな。

よーし、がんばるぞ！ まずは、そのマスターマインドについてくわしくおしえて！

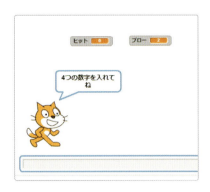

そうだな。たとえばScratchが決めた正解を「9」「2」「8」「5」としよう。これをすいりしながら当てていくんだ。最初はカンでこたえるしかないね。

たとえば「2」「1」「8」「9」と予想したらどうなるの?

まず「2」は正解に含まれているけど順番がちがうね。この、数字はあっているけれど、場所がちがうときのことを「ブロー」と呼ぶんだ。いっぽう「8」は数字も場所もあっているね。これを「ヒット」と呼ぶよ。では「9」はどっちかわかるかな。

数字はあっているけれど、場所がちがうから「ブロー」だね。

138

そう。だから「2189」は「1ヒット2ブロー」ということになるんだ。このようにゲームをする人が4桁の数をよそうして入力すると、Scratchがヒットとブローの数をおしえてくれるから、それをヒントに正解をすいりするんだ。

正解	1回目回答（判定）	2回目回答（判定）	3回目回答（判定）
9	2（ブロー）	4	6
2	1	8（ブロー）	2（ヒット）
8	8（ヒット）	9（ブロー）	8（ヒット）
5	9（ブロー）	1	5（ヒット）
判定	1ヒット2ブロー	2ブロー	3ヒット

このばあい、3回目でかなり正解にちかづいているね。あとひといきだ。でも、こんなスクリプト、つくれるのかなあ…。

バラバラな数字をリストについかするには

だいじょうぶ。順番に考えていこう。まずは正解の4つの数字を決めるスクリプトをつくるよ。

まずはリストを用意するんだね。「データ」にある リストを作る をクリックして、「正解」という名まえのリストをつくって、と。このリストに、乱数をつかって4つの数字が入るようにすればいいね。

リストに数字をついかするには `thing を 正解 に追加する` のブロックをつかえばいいんだったね。

そうしたら…えっと、`1 から 9 までの乱数` でつくった数字を「正解」のリストについかすればいいんだよね。❶のブロックをつくって、これを4回繰り返して❷…と。これでどうだ！

おおっと、すもうくん。これだと同じ数字が重なって入ってしまうことがあるぞ。そこをなおさないといけないな。

ホントだ…。「乱数」をつかってバラバラな数字を選んでいるんだけど、このほうほうだと同じ数字が選ばれることがあるのか…。どうしたらいいかなあ…。

\ヒント！/ すでにリストにある数字と同じ数字が出たら、リストに入らないようにするのはどうだろう。そのためには「もし〜なら〜」と「変数」をつかうといいだろう。

〈答え〉

「もし〜なら〜」をつかって、リストにない数字のばあいのみついかする

 4つのバラバラな数字の選び方の考えかたはこうだよ。

| 1 乱数で出た数字を、リストの中にある数字と1つずつひかくする。 | 2 もし同じ数字があったらその数字はすてて 1 にもどる。 | 3 同じ数字がなかったら、その数字をリストについかする。 |

ちなみに「正解」リストの中に同じ数字があるかどうかは、 正解▼ に ■ が含まれる で調べることができるよ。

なるほど。ではそのブロックを「もし〜なら〜」で囲んで、こんなふうにしたらどうだろう。もしも、「正解のリストに1から9までの変数が含まれていないなら」❶、「その乱数を正解のリストについかする」❷ というスクリプトだよ。

 ああ、すもうくん。これはよくあるミスだね。よく考えてごらん。これだと、❶の 1 から 9 までの乱数 と、❷の 1 から 9 までの乱数 が同じ数字になるとは限らないんだよ。だから判定したことにならないんだ。これをさけるためには「変数」をつかうんだ。

〈答え〉

じゃあ、まず「乱数」という名まえをつけた変数をつくって、そこに ①から⑨までの乱数 のブロックでつくった「1から9までの数字のどれか」を入れる❸。で、その数字が「正解リスト」にふくまれているかどうかを、「もし〜なら〜」をつかって判定して❹、もしリストにまだその数字がなければリストにくわえる❺、と。

いますもうくんがつくったスクリプトに、「正解リストに入る数字が4つになるまでくりかえす」ように、ブロックをつけくわえた❻スクリプトがこれだよ。ちょっとややこしいから、じっくりと見てみてくれ。

じゃあ試しに実行してみよう。

うん、ちゃんと4つのバラバラな数字が表示されるよ！

豆知識

ところですもうくん、4つのバラバラな数字を用意するには、ほかのほうほうもあるぞ。まず9つの数字を用意し、そのうち5つを消す。そうすると残りはバラバラな4つの数字になるだろう？

❶ 9つの数字をランダムにならべて

| 8 | 2 | 1 | 6 | 9 | 3 | 4 | 7 | 5 |

❷ まえの5つを消す

なるほどー。じゃあ9つの数字をまいかいバラバラな順番で用意するのはどうしたらいいんだろう。

あらかじめ1から9の数字を順番に用意しておいて、それを乱数をつかってバラバラにならべる方法を考えてみたぞ。

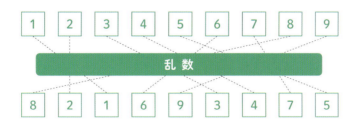

ちょっとむずかしいが、スクリプトを用意しておいたから、どういう処理をしているか、考えてみてくれ。

三役 5問目

〈問題〉
ヒットとブローを計算するアルゴリズムのポイントは?

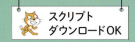

ここからはマスターマインドのメインのスクリプトを考えてみるよ。まえの問題で、正解となる「バラバラの4つの数字」を決めるところまではできたから、ここからはそのつづきを考えていくよ。まずは、このあとの流れをかくにんしておこう。

じゃあ、順番に考えてみるね。えっと、まずは数字を入力してもらって、そのつぎに、正解の数字と比較して「ヒット」と「ブロー」の判定をして、それぞれの数を表示する。

そうだね。

もし正解の数字と同じなら「正解だよ!」と表示してゲームは終わり。正解でなければ「残念でした」と表示して、入力するところにもどる…こんな感じかな。

1	2	3
4つの数字を入力してもらう。	入力した数字の1つを、正解の数字とひかくする。	数字が同じで、場所も同じなら、変数「ヒット」に1くわえる。

4	5	6
数字が同じで、場所がちがうなら、変数「ブロー」に1くわえる。	2〜4を4回くりかえして、4つの数字をすべてひかくする。	ヒットが4つなら「正解」、でなければヒットとブローの数を表示して1へ。

144

もうひとつ、数字をあてるチャンスは10回までにしよう。ゲームだから、それくらいのルールはあったほうがいいだろう。よし、では順番にスクリプトを考えてみよう。

「ヒット」と「ブロー」の数をかぞえるには

まずは数字を入力してもらうところだけど、これは「調べる」にある「聞いて待つ」をつかうとよさそう。 4つの数字を入れてね と聞いて待つ と、文字を入れて待つようにしよう。

そのつぎの「ヒットとブローの数」を判定するスクリプトだけど、ここは、このつくりかけのスクリプトをもとに考えてみることにしよう。ここでどんなことをしようとしているか、わかるかな。

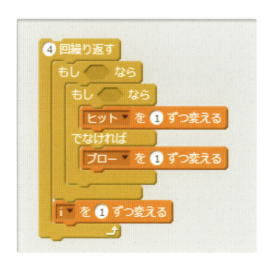

ええっと…「もし～なら～」をつかって、ヒットとブローの判定をしているんじゃないかなあ。それを4回くりかえしているってことは、入力された数字を一つずつ、ヒットなのか、それともブローなのか判定しているってこと?

🧔〈 いいぞ、そのとおり。では、すもうくん、問題だ。スクリプトの`i▼ を 1 ずつ変える`にある、変数「i」がなにをあらわしているかわかるかい？

👦〈 えっと…、変数「i」は、4つの数字の「番目」を表しているんじゃないかな。iが「1」なら1番目の数字、「2」なら2番目の数字…。だから4回くりかえしているんだね。

🧔〈 いいぞ、すもうくん。変数についてはピンとくるようになってきたな。では、ここで問題だ。さきほど紹介したスクリプトの❶と❷のぶぶんでは、それぞれどんなことを調べているのか、わかるかな。

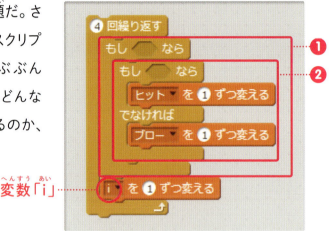

変数「i」

ヒント！

こういった、「もし〜なら〜」をつかったややこしいスクリプトをつくるばあいは、まずは図にかくなどして、頭を整理してみるといいよ。このばあいは下のような質問の流れになるね。

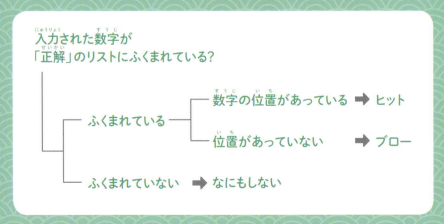

〈答え〉

ややこしいアルゴリズムはまず図にしてから考えてみる。

❷から考えてみると、わかったよ。❷では「○○」ならヒットをくわえて、そうでなければブローをくわえるんだよね。ということは、「場所が同じかどうか」を調べているんだね。と、いうことは❶は同じ数字があるかどうかを調べるんだね。

そうだね。それをもとに、❶と❷のくうらんをうめてみたよ。

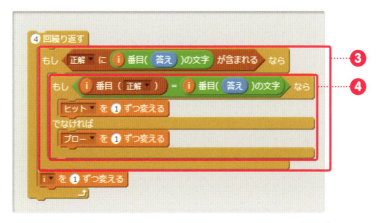

まず❸では、回答者が入力した「答え」の「i」番目の数字と、正解リストをひかくして、同じ数字がふくまれているか調べているね。

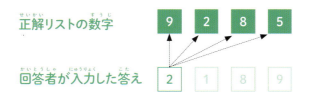

もし同じ数字がふくまれていたら❹へすすみ、ふくまれていなかったら変数「i」に1をくわえて、つぎの「答え」を調べるんだ。

〈答え〉

そして❹では、正解リストの「i」番目の数字と、「答え」の「i」番目の数字とをひかくしているよ。つまり、同じ位置にある数字どうしをひかくしているんだ。

そのうえで、数字がいっちすれば「ヒット」の変数を1増やし、そうでなければ「ブロー」の変数を1増やしているよ。

そうか！　❹の判定をするのは、すくなくともブローの数字だから、ここではヒットかどうかだけ調べればいいんだね。

うん。ちょっとややこしいけれど、おちついて順をおって考えればわかるはずだよ。マスターマインドは、ここがポイントだからじっくり見なおしてくれ。さて、のこりのスクリプトも見ておこう。ここでは、正解となる「バラバラの4つの数字」を決めたあとのスクリプトを見ておくぞ。

❺は、それぞれの変数の値をリセットしているんだね。まえにつかっていた変数がのこっていたりしないように。

❻は、ヒットが4つ、つまり4つの数字がすべてあっていたときのスクリプトだね。「正解だよ」と言って、くりかえしをストップしているんだ。

❼は、10回回答しても正解しなかったときに「残念でした」と言うようになっているんだね。

すもうくん、なかなかむずかしかっただろう。ただ、ここで理解できなくても、マネしながらつかっていけば自然とわかるようになるよ。それよりせっかくゲームが完成したんだから遊んでみよう！

そうだね。わーい、ゲームができたぞー！

保護者の皆様へ ❺

プログラミングには向いてないかも?

　レベル5まで進んだ感想はいかがでしょうか?　プログラミングがどういうものか、だんだんとイメージできてきたのではないかと思います。ただ、中には考えるのは難しいし、自分はプログラミングには向いてなさそう…と感じているお子様もいるかもしれません。ただし決めつけるのはちょっと待ってください。本書の内容がプログラミングのすべてというわけではないのです。

　生徒の一人に面白い子がいました。Scratchの授業を1、2回受けた後、自宅で作品を作ってきたというので見せてもらったところ、音ブロックを使って、某有名ゲームの音楽をまるまる1曲プログラミングしていたのです!　こんな風にScratchを使って興味関心を深めることもできるのかと生徒から逆に教えてもらいました。

　ちょっと話が逸れますが、今話題のAIプログラミングは、詳細なアルゴリズムがわかっていなくても、それこそ小学生でも実行することができるようになっています。同じように、3次元の難しい計算ができなくても簡単に3Dのゲームをつくることのできるプログラム言語もあります。

　このように、IT技術の使い方には多様性があり、今後もさまざまな分野で応用されていくことは想像に難くありません。もし向いてないと感じた場合でも、別の切り口でITやプログラミングに触れてみるとよいかもしれません。

レベル
6

ゲームづくりに
ちょうせんしよう

LEVEL 6

よくがんばった！　ついにプログラミングの横綱まできたよ！　こ
こまでくると、ついにゲームづくりがもくひょうになるよ。ジャンプ
ゲームづくりをめざして、さまざまな課題にちょうせんしよう！

横綱 1問目

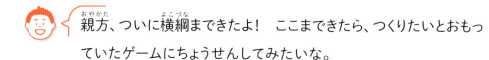

〈問題〉地面にうまってしまったキャラクターを救えるか？

> 親方、ついに横綱まできたよ！ ここまできたら、つくりたいとおもっていたゲームにちょうせんしてみたいな。

> ほう、どんなゲームだい？

> 画面内をキャラクターが跳びまわるジャンプゲームだよ。さっそくステージの「背景」でツールをつかって、デコボコの地面と、とびうつる足場を描いてみたんだ。

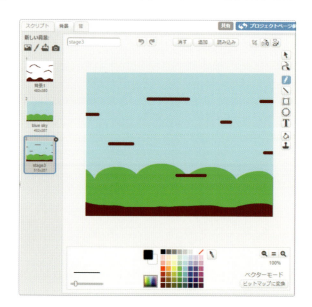

> 手づくり感があっていいじゃないか。それじゃあ、すもうくんが描いたこの背景にそって、キャラクターがジャンプしたり、歩いたりできるようにつくっていくぞ。
> まずは、デコボコの地面にそってキャラクターが歩くスクリプトからつくってみようか。どんなスクリプトにすればいいかな。

152

キャラクターを上下左右に動かすスクリプトからつくってみようかな。えっと、左右は矢印キーでそうさするから、「もし〜なら〜」をつかってスクリプトをつくればいいよね。上下はどうすればいいかな…。

上に向けては「ジャンプ」じゃないか！ このゲームはジャンプゲームだろう？ そのジャンプはあとにして、まずは下向きの移動を考えてみてくれ。

下向きの移動を座標のへんかで考える

下への移動は、えーっと…足場や地面がないと下に落ちてしまうようにするのがいいな。そうしたら、上のスクリプトに「Y座標が減る」❶ブロックをくわえよう。「ずっと」❷の中にいれておけばいいかな。

すもうくんのスクリプトに、キャラクターが最初に登場する場所や、キャラクターの動きの向きを決めるブロックをつけくわえて実行できるようにしたのがこのスクリプトだ。

でもこのスクリプトだと、キャラクターが地面にうまってしまうね。どうすればいいのかな…。

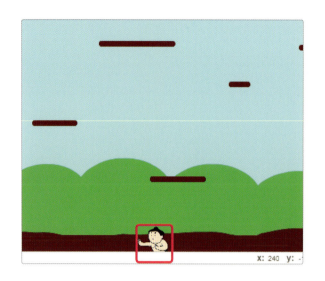

 おや、すもうくん。ここもこれまでおしえたブロックでなおすことができるじゃないか。背景の地面や足場は「色」が決まっている、というのがポイントだぞ。ただし、色の判定をするさいに注意するポイントを忘れないようにな。

> **ヒント！** 「色」を調べるブロックと、「もし〜なら〜」を利用して判定をおこなえばいいね。ただし、スクリプトを組むさいに気をつけないといけないポイントもあるぞ。

〈答え〉

「もし～なら～」をつかった判定では「ではない」のブロックをうまくつかうこと。

色を調べる 色に触れた をつかえば、地面や足場の判定をおこなうことができるね。でも注意点ってなんだっけ…。

思い出せないなら、まずはスクリプトをつくって試してみるのがいいよ。動きを見れば、思いだすこともあるはずだよ。

わかった。えっと…いまのスクリプトでは、なにもしないとＹ座標がずっと「−4」になる。それでキャラクターがどんどん下に落ちていくんだよね…それ以上落ちないようにするには…そうか、スクリプトで座標を「+4」するのはどうだろう。それなら差し引き0で、キャラクターがその場にとまるはず。よし、試してみよう。

【横綱】

155

〈答え〉

　実行して、と。よし、茶色の地面の上にとまったぞ！　でも、横に動かしてみると、びみょうだけど地面にうまってしまうね…。

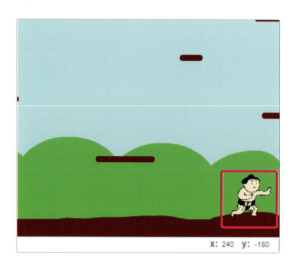

すもうくん、「もし〜なら〜」をつかった判定の注意点があったはずだよ。たとえば、スプライト同士がぶつかったときに音が鳴りつづけるのをふせぐには、どんなことをしたんだっけ？

うーんと…あ、そうか。ここで ではない をつかうんだね。それをつかって、「茶色のぶぶんに触れていない状態になるまでのあいだずっと」座標を「+4」しつづけるスクリプトにすればいいんじゃないかな。

そのとおり、よくわかったな。地面に深くうまってしまうと、Y座標を「+4」するだけではたりないばあいがあるんだよ。だから、地面の色がかわるまでのあいだ、ずっと上へ動かしつづけることが大事になるんだ。

そうしたら、こんなブロック ■色に触れた ではない をつくって、
まで繰り返す と組みあわせて、あいだにあてはめればいいのかな。
えっと、こんな感じでどうだろう。

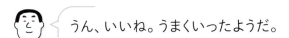

うん、いいね。うまくいったようだ。

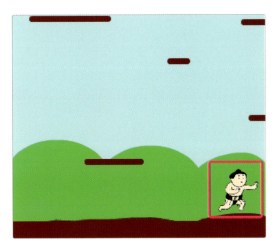

横綱 2問目

〈問題〉
スプライトのカクカクの原因をとりのぞけ！

> ねえ、親方。前回、左右に動くところまではできたけれど、なんだか動きがカクカクしているのが気になるんだ。とくにデコボコの地面をのぼったり、おりたりするときにカクカクするんだ。

> うむ。それを解決するには「カスタムブロック」について知っておいたほうがいいな。カスタムブロックとは、「自分専用のオリジナルブロック」をつくる機能だ。

> へー、オリジナルのブロックがつくれるなんてかっこいいね！ よし、カスタムブロックを身につけるぞ。それって、どんな機能なの？

> カスタムブロックは「定義ブロック」と呼ばれることもあるブロックで、すきなブロックの組みあわせをとうろくしておくものなんだ。まず「その他」にある「ブロックをつくる」のボタン❶をクリックしてごらん。

> 「新しいブロック」という名まえのウインドウがでてきたよ。ここで、名まえをつければいいんだね。「変数」や「リスト」と似ているね。ここでは「着地の処理」という名まえをつけて、と❷。「OK」ボタンをクリック！

カスタムブロックをつくってみよう

そうしたら、 定義 着地の処理 というブロックができただろう？ そこに、前回つくったスクリプトの、着地の処理をしているぶぶん ❸ をドラッグしてつなげるんだ。

マウスでドラッグして、と ❹。よし、できた。これがカスタムブロックなの？

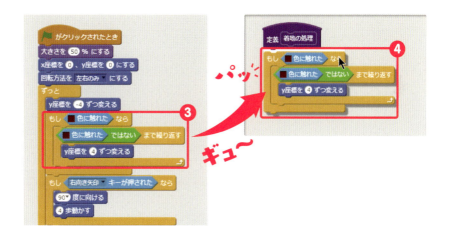

そうなんだ。カスタムブロックができたら、「その他」に、「着地の処理」のカスタムブロックができているはずだ。これを、さっきスクリプトから取りのぞいたぶぶんに入れて実行してごらん。

まったく同じように動いたよ！
そうか、カスタムブロック
をつくることで、スクリプト
を短くすることができるん
だね。

それだけじゃないぞ。スクリプトのあるぶぶんに名まえをつけて
わかりやすくしておくことができる、という点も大きなメリットなんだ。
たとえばこの図のようにね。スクリプ
トが長くなって、どのぶぶんがなんの
処理をしているのかわからなくなって
しまうのをふせぐことができるんだ。

なるほどー。こうしておけば、スクリプトを見なおすときにどこを見
ればいいか、すぐにわかるね。

そうなんだ。さて、本題にもどろうか。すもうくんは、キャラクターの
カクカクが気になっていたんだよな。じつはその問題は、このカ
スタムブロックをよーく調べると解決できるんだ。わかるかな？

 ヒント！ カスタムブロックを右
クリックしてみると、メニューが出るね。
ここから、なにか設定できるものが
ありそうだぞ。よーく調べてみてね。

〈答え〉

カスタムブロックの「編集」から
カクカクをふせぐ設定ができるぞ。

すもうくん、カスタムブロックを右クリックすると「編集」というメニューがあって、ここから、ブロックに関する設定がいくつかできるんだ。「ブロックを編集」メニューがでてきたら「オプション」の▶をクリックしてみてくれ。

いろいろ項目があるね。むずかしそうなものがおおいなあ。

ここにある「画面を再描画せずに実行する」にチェックを入れて実行すると、カクカクしていたところがスムーズになるよ。ここにチェックを入れると、地面に触れたときの処理をえがきなおすことなく実行するようになるから、スピードが上がるんだ。この高速化テクニックはいろいろなところでつかえるぞ。

横綱 3問目

〈問題〉

スペースキーを押すとジャンプするようにしたい！

🧑‍🦲「左右と下に向けた動きのスクリプトができたから、今度はいよいよジャンプのスクリプトだぞ。」

👦「スペースキーを押したらジャンプするのがいいな。しかも、ホントにジャンプしているみたいにビヨーンってとぶようにしたいんだ。」

🧑‍🦲「ふむふむ。それならば、「下に落ちる」スクリプトを見直さないといけないね。なぜかはあとでわかるよ。」

👦「いまのスクリプトだと、下に落ちるときは「Y座標をマイナス4ずつ移動する」というふうになっているけど、これをどうかえるの？」

🧑‍🦲「じっさいにものが落ちるときのことを考えてみよう。まずこの動きをなめらかにするために、「-4」ずつから「-1」ずつ変化するようにしようか。それと、「落ちかた」も考えたい。たとえばジェットコースターが落ちるとき、ずっと同じのスピードで落ちていくかな？」

ちがうよ。だんだんとスピードが上がっていくんだ。たとえばジェットコースターは、いちばん下まで落ちるころにはすごいスピードになってるよ。…だとすると、このゲームでも、下に落ちるときのスピードがだんだん上がっていくスクリプトにしたほうがいいね。

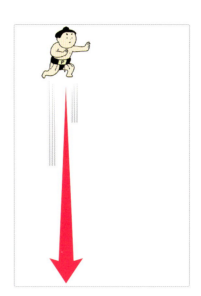

自然に落ちるばあいの座標のへんかは?

じゃあその「だんだんと落ちるスピードが速くなっていく」動きを、どのブロックをつかって実現する?

うーんと…「落ちるスピード」を変数にして、「ずっと」で繰り返すうちに❶、だんだんその変数が増えていく❷ようにするのがいいと思うんだ。こんなふうにブロックを組みあわせてみたよ。

おお！ さすが、すもうくん。どれどれ、以前のスクリプトでは、ずっと「−4」だった下への移動スピードを、変数をつかって「-1」ずつ、−4、−5、−6…と増えるようにしたんだね。いいぞ！

落ちるスクリプトができたから、つぎはジャンプだね。ジャンプをするなら、まず もし スペース キーが押された なら というブロックをつくって、「なら〜」のぶぶんをどうすればいいのか考えればよさそうだ。

そうだ。ジャンプをどうするかだね。
そこで、考えてみてほしいのは、ここまでどうして「落下」のスクリプトをつくったのか。そのわけを考えてみてほしいんだ…。どうだい、すもうくん。

\ヒント！/ 逆立ちして考えてみるとわかるかも(？)。「ジャンプ」は「落下」を逆にしたものと考えるともできるよね。それなら、ある場所をかえてみると…。わかったかな？

〈答え〉

「落ちる」を逆にすればジャンプになるよ。

わかった！　ジャンプのときはY座標を「マイナス」にして下向きに移動していたけれど、これをマイナスの逆にプラスの数にすれば、ジャンプになるんだね！

ムフフ、そのとおりだ。 落下スピード を 10 にする のブロックにいろんな数字を入れて、ダブルクリックしてごらん。ジャンプの大きさがかわるよ。

ホントだ！　試してみると、8から10くらいがいいみたいだ。これをスクリプトに組みこもう。 もし スペース キーが押された なら と 落下スピード を 10 にする を組みあわせてこんなブロックをつくって、と。

〈答え〉

 そのブロックをどこに入れる?

 上下左右の動きについては、「ずっと」のあいだに入っているから、同じように入れておくのがよさそう。やったー、ジャンプできたぞ!

よし、いいぞ。カスタムブロックの「着地の処理」のほうのY座標も、1ずつかわるように、数値をへんこうしているぞ。このようにいろいろと数値をかえて動きかたをちょうせいしよう。

豆知識

ジャンプするスクリプトとしてすぐに思いつくのは、もしかしたら、下の図のようなスクリプトかもしれないね。まず上に動かしてジャンプさせたあと❸、下へ動かす❹つぎのようなスクリプトだ。でも、実際に試して見るとわかるけれど、これだとあまりうまく動かない。とくにジャンプしているあいだに左右に動けないので、自然なジャンプにならないんだ。

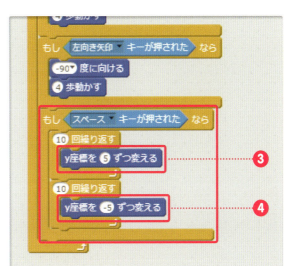

横綱 4問目

〈問題〉

ジャンプの上昇、下降をどう見わければよい?

スクリプトダウンロードOK

前回までのスクリプトで、ジャンプゲームはかなりできてきたけど、すもうくん、なにか気になったことはないかい?

うん、2つあるんだ。1つは、ジャンプしているあいだでも、スペースキーを押しっぱなしにしたり、何度も押したりすると、どんどんジャンプできてしまうこと❶。まるで空を飛んでいるみたいになってしまうんだ。もうひとつは、ジャンプ中にキャラクターが足場をつきぬけてしまうことがあること❷。

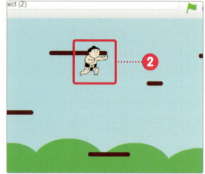

むむむ。たしかにそうだね。ジャンプのスクリプトはまだ調整をしないといけないね。どうすればいいと思う?

うーんと…。ジャンプ中にもジャンプができてしまう問題は、「もし〜なら〜」をつかって「もしジャンプ中なら」「ジャンプしない」というスクリプトをつくればいいと思うんだ。

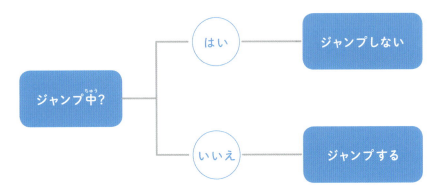

ジャンプ中かどうかを判定するには

うむ。ポイントはどうすれば「ジャンプ中」なのか「そうではないのか」を判定できるかだね。

「変数」をつかえばいいんじゃないかなあ。「ジャンプ中」という名まえの変数をつくって、ジャンプしていないときは「0」、ジャンプしているあいだは「1」とするようなスクリプトを組むんだ。

さすが、すもうくん！　そのとおり。それでどんなスクリプトにすればいいと思う?

🧒 もともとあった「もしスペースキーが押されたら」❸のあとに、もし変数「ジャンプ中」が「0」ならジャンプ、「1」ならなにもしない、というスクリプト❹をついかすればいいかと思うんだ。

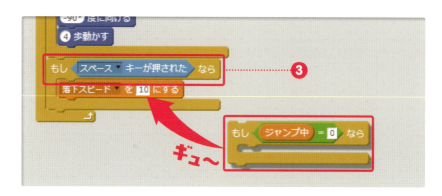

👨 「0」だった変数をどこかで「1」にしないといけないね。それはどうする？

🧒 あっ、そうか。そうしたら、ジャンプをする直前に、「ジャンプ中を1にする」を入れておけばいいね。

👨 よしいいだろう。あとはスクリプトのはじめのほうに「ジャンプ中を0にする」を入れておかないといけないな。
さて、つぎは「足場に頭がうまってしまう」問題だね。これは、カスタムブロック「着地の処理」を見直す必要があるね。

170

あっ、そうか！「茶色に触れたら、それいじょう上にあがるのをやめる」という条件をスクリプトに組みこめばいいんだね。

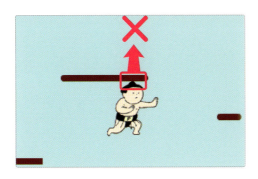

そうだ。そのためには、ジャンプ中のキャラクターが「上に向かっているのか」「落ちているのか」を区別する必要があるんだよ。どうすれば、その区別ができるかな？

\ヒント！/ キャラクターが上に向かっているのか、それとも下に落ちているのを、ひとめでわかるには、なにを見ればいいかな？

〈答え〉

ジャンプしたときの変数がどう変化しているのかを考えてみよう。

どうかな、すもうくん。

うん、わかったよ。まず、キャラクターがジャンプして、上に向かっているときはY軸が「+10」になる。逆に、落ちているときは、落下のスピードを変数で設定していて、「-1」からだんだんマイナスの値が増えていってる。それで落ちるスピードがどんどん増していくね。

ということは、キャラクターが上昇しているときは、変数「落下スピード」の値が「0より大きな数」になって、下に落ちているときは「0より小さな数」になるということだよね。そこで、ブロックを組みあわせて 0 < 落下スピード をつくってみたよ。

このブロックをつかうと、キャラクターが上昇しているのか、それとも落ちているのかがわかるんだね。

うん、そうだ。このブロックをつかって、キャラが上昇中だと判定されたばあいは、これいじょう上がらないようにする必要があるね。

茶色に触れたときに…

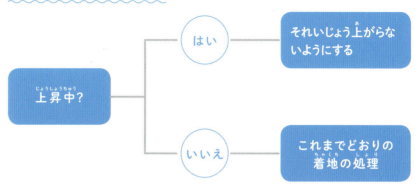

そうしたら、もともとあったスクリプトに、「もし上昇中なら❸、Y座標を－1ずつ変える❹」というブロックを組みあわせればいいね。これでどうだろう。

いいね。むずかしかったと思うけど、これでなんとか最後までできたね。

実行してみると…うん、うまくいったよ！

〈答え〉

ジャンプゲームのサンプル完成！

すもうくん、ここまでつくってきたスクリプトをいろいろと応用して、自分なりのゲームづくりをすすめてほしいんだが、私もひとつつくってみたのでひろうしよう。スクリプトはサイトに公開しているぞ。

おおー！　風せんのところをめざしてジャンプして、面をクリアしていくゲームになっているんだね。　3面もあるし、音楽や効果音もついてるし、すごいや、さすが親方だ！

ステージ1

ステージ2

ステージ3

ここでは、このゲームのスクリプトを見るさいにチェックしてほしいポイントを3つあげておこう。

❶ ステージ2のジャンプ台

これはステージ2の「ジャンプ台」のスクリプトだ。青色に触れたら、落下スピードの値をつうじょうのジャンプのときより大きくすることで大ジャンプをしている。

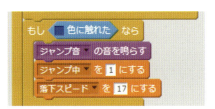

② 左右の移動にカスタムブロックをつかう

カスタムブロックの「引数」(☞178ページ)の機能をつかって、動きのためのスクリプトをシンプルにしているんだ。「右」と「左」では動く向き(角度)がちがうだけだから、つかえるテクニックなんだ。

③ 動くゆかにはクローンをかつよう

ステージ3にとうじょうする「動くゆか」のスクリプト。こちらも、スクリプトをシンプルにするテクニックのひとつ。クローンの向きを決める変数を「このスプライトのみ」と設定することで(☞117ページ)、それぞれべつの動きをさせているんだ。

175

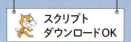

横綱 5問目

〈問題〉
再帰処理のポイントは終わらせかたにあり?

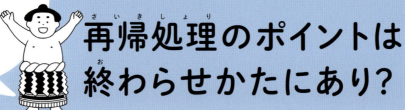

👨 すもうくんは大ずもうの「弓とり式」は知っているかい?

🧑 うん。最後の取りくみがおわったあとに、力士が出てきて大きな弓を振りまわすあれでしょ? カッコいいよね!

👨 そのとおり。この本もそろそろおしまいだから、弓とり式のかわりに、カッコいいスクリプトをおしえよう。すもうくんは「フラクタル図形」を知っているかな。

🧑 なんだろう? なんかキラキラしている感じはするけど…。

👨 まあ知らないのもむりないね。学校で習うとしたら、たぶん高校生になってからだからだから。フラクタルというのはこんなかんじの図形なんだ。

🧑 へえ、ちょっとふしぎな感じがする図形だね。もようがくりかえしているみたいだ。

👨 いいところに気がついたね。フラクタル図形は「同じ形が、大きさをかえながらむげんに続く」んだ。こんな図は手では描けないよね。

176

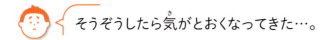

そうぞうしたら気がとおくなってきた…。

ははは。だいじょうぶ。スクリプトでかんたんに描けるよ。ポイントは「再帰」と呼ばれる、自分自身を呼びだす処理にあるぞ。Scratchで再帰処理をするにはカスタムブロックをつかうんだ。

再帰処理のスクリプトをつくってみよう

「再帰処理」って、同じことをくりかえすってこと？　グルグルまわって、終わらなくなっちゃいそう。

ちゃんとスクリプトをつくらないとそうなるから、気をつけないといけないね。では、「シェルペンスキーのギャスケット」というフラクタル図形を描いてみよう。スクリプトを見ると、まず左側のスクリプトで、ペンのスタートの場所をきめているのがわかるかな。

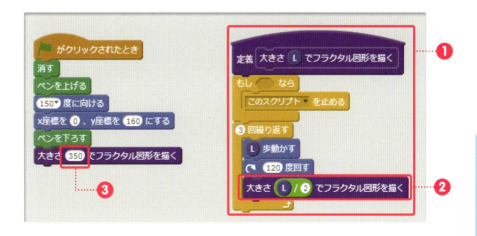

いっぽう、再帰がおこなわれているのは、カスタムブロックのほうだね。「大きさLでフラクタル図形を描く」❶の中で、自分自身のカスタムブロック❷を実行しているのがわかるだろう。

なお、❸で入力した「350」は、カスタムブロックの「L」のぶぶんに入るように設定できるんだ。これは「引数」と呼ばれるもので、カスタムブロックをつくるさいに指定することができるんだよ。

ふーん。その引数「L」は、カスタムブロックの中の再帰のところでもつかわれているね。

うん。それによって、ペンがどう動いているのかを見てみよう。まずは歩数「L」のぶん、ここでは「350」歩ぶん動かしたら❹、ペンを120度回す❺。そうしたら❻の再帰ぶぶんに入るんだけど、ここで歩数を半分の「175」歩にして❹と❺を実行、また歩数を半分にして…と同じ工程をくりかえすんだ。

三角形を描いているとちゅうでまた三角形を描いて…これをくりかえして図形を描いていくんだね。

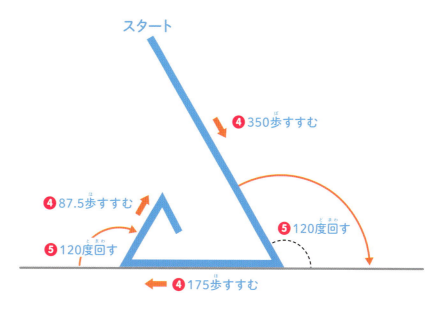

では ▶ を押して、と…あれ？ 途中でぐるぐる回ったままになるよ。

そうなんだ。いまのスクリプトだと、ずっと再帰処理をくりかえすようになってしまっているんだ。こういう状態を無限ループとよぶんだけど、再帰処理では無限ループにならないよう、きちんと終了するスクリプトをつくることがだいじなんだ。そのために「もし〜なら〜」をおいているんだけど、まだ条件のぶぶんがあいたままだね。ここにどんな条件を入れればいいか、考えてみてくれ。

〈答え〉

「もし〜なら〜」で条件を設定して再帰を終わらせよう。

さて、すもうくん。ここでポイントになるのは、どうしたら無限ループにならず、「再帰」を終わらせるのかという点だね。こんかいの問題では、どんな条件を設定すればいいかわかったかな。

えっと…。こんかいのスクリプトで条件になりそうなのは、半分、半分と変化していく数字のところかなあ。

うん、そうだね。350からだんだん少なくなっていくからそれをあるていどのところで止めるようにすればいいんだ。実際に、数字はどんなふうに変化していくのかというと、下のようになるよ。

350 ÷ 2 = 175
175 ÷ 2 = 87.5
87.5 ÷ 2 = 43.75
43.75 ÷ 2 = 21.875
21.875 ÷ 2 = 10.9375

350を2で割ると175。それをまた2で割ると87.5。さらに2で割ると…。これを利用して、 L < 10 というブロックをつかって、これいじょう三角形を小さくしないようにするんだ。

ということは、10と入力したばあい、5回再帰がおこなわれることになるんだね。

そうだね。この数字を大きくしたり、小さくしたりすることで、再帰の回数がかわるから、完成する図もかわるんだ。

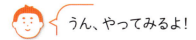

わー。すごい！
フラクタルはおもしろいねー！

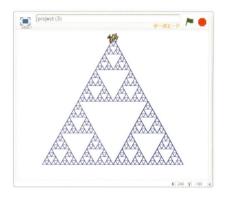

ではすもうくん、最後におまけとして、ほかのタイプのフラクタル図形をしょうかいしよう。スクリプトはダウンロードできるようになっているから、ためしてみてくれ。

うん、やってみるよ！

《答え》

フラクタル図形 コッホ曲線

 これはコッホという数学者が考えたフラクタル図形だよ。1本の線を3分割して二等辺三角形を描く工程をくりかえしているんだ。

フラクタル図形 ツリー曲線その1

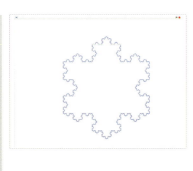 こんどは木みたいなかたちをしているよ。スクリプトの前半にある、「長さ」や「角度」の値をかえると、木のかたちがかわるよ。

フラクタル図形 ツリー曲線その2

 ツリータイプのフラクタル図形をもうひとつしょうかいしよう。こちらも数字をすこしかえてためしてみてくれ。

豆知識

今回のようにスクリプトが複雑になると、実行するとものすごく時間がかかるようになる。そんなときは「ターボモード」をつかうといい。処理にかかる時間が短くなるぞ。つかいかたは、編集メニューにあるターボモードをクリックすればOKだ。

おわりに

み

　んな、横綱までたどりつくことができたかな？　「なんとかこれた」という人もいれば、「後半はむずかしくてさっぱりだった」という人もいるでしょう。実は本書では、「リスト」をつかったアルゴリズムや「再帰処理」など、あえてむずかしい問題も掲載しました。それは、これからいろいろなプログラミングにちょうせんしていくなかでポイントとなる内容だからです。かりに、いまはわからなくてもかまいません。「あそこに書いてあったな」と、もどってくることができればいい。そういう経験が、かならず役に立つ日がきます。私もそんなふうにして、プログラミングを身につけてきました。

　プログラミングの世界ではなによりもおもしろそうだと感じる方向に進んでいくことがたいせつです。そのばあいはScratchでなくてもかまいません。本書の最後に、横綱レベルの問題がとけてしまったという人や、もっと先に進みたいとかんじている人に向けて、一歩先のプログラミング教材を紹介しておきたいと思います。それぞれとくちょうがあるので、Scratchとへいこうしてとりくむのもいいと思います。ぜひプログラミングのさまざまなぶんやにちょうせんしてみてください。

■ 一歩先のプログラミング教材

CodeMonkey （こーどもんきー）

https://codemonkey.jp/

¥6,480/ 年～

「CoffeeScript」という、「Javascript」の親せきのような言語でプログラミングを学ぶことができます。ビジュアルプログラミングからテキストでのプログラミングへ移行するのにもちょうどいい教材で、筆者の教室でもおおくの生徒が利用しています。

CodeKingdom （こーどきんぐだむ）

https://codekingdoms.com/

$39.99/3ヶ月～

英語のサイトとなりますが、プログラム言語「Java」をつかって人気ゲーム『Minecraft』のサーバ開発ができる数少ないサイトのひとつです。自分で作ったオリジナルの Minecraft サーバに友達を呼んで遊んだりできます。英語がわからなくても、手順がすべて動画で公開されているのでなんとかなります。

Unity （ゆにてぃ）

https://unity3d.com/

無料で3D ゲームがかんたんにつくれると人気のソフトウェアです。3D ゲームに興味があるならるまよわずこれでしょう。ほんかくてきなゲームをつくるのはさすがにむずかしいのですが、ちょっとした3D ゲームをつくるくらいなら、子どもでもちょうせんできます。

さくいん

あ行

言う Hello! と言う ……………………………… 18、26、45

行く ▼ へ行く ……………………………………… 82

色に触れた ◀ 色に触れた ……………………… 74、155

動かす 10 歩動かす ……………………… 20、22、28、64

大きさをかえる 大きさを 10 ずつ変える ……………… 48

大きさを100％にする 大きさを 100 ％ にする ……… 49

音を鳴らす ▼ の音を鳴らす …………… 42、85

終わるまで音を鳴らす 終わるまで ▼ の音を鳴らす …… 43、59

か行

隠す 隠す ……………………………………… 54、81

カスタムブロック ……………………………… 158

画面を再描画せずに実行する ……………… 161

考える Hmm... と考える ………………………… 26、45

キーが押されたとき スペース ▼ キーが押されたとき …… 37、48、64

聞いて待つ □ と聞いて待つ …………… 89、135、145

クローン ……………………………………… 110、114

クローンされたとき クローンされたとき …… 111、118

クローンを削除する このクローンを削除する …… 113、119

クローンをつくる 目分目身 ▾ のクローンを作る ················· 111、115、120

効果を適用する 色 ▾ の効果を 10 ずつ変える ················· 51

コスチューム ················· 36、70

さ行

再帰処理 ················· 176

座標 ················· 30、57、68、80、153、163

スクリプトエリア ················· 16

ずっと ずっと ················· 22、59、67、111、153

ステージ ················· 40

ステージがクリックされたとき ステージがクリックされたとき ················· 41

スプライト ················· 23、26、36、48

スプライトがクリックされたとき このスプライトがクリックされたとき ················· 48

スプライトの ❶ ボタン ················· 23、57

た行

次のコスチューム 次のコスチュームにする ················· 38、72

次の背景 次の背景 ················· 41

定義ブロック ················· 158

停止ボタン ················· 23

ではない ではない ················· 86、156

ドラッグアンドドロップ ················· 17

は行

場所へ行く ランダムな場所 へ行く ……………………………………… 54、82

フラクタル図形 …………………………………………………………… 176

フラッグボタンがクリックされたとき ▶ がクリックされたとき ……… 20、39、60、66

触れた マウスのポインター に触れた ………………………………… 84、107

ブロックエリア ………………………………………………………………… 16

ブロックをつくる ……………………………………………………………… 158

表示する 表示する ……………………………………………… 54、57、81

並行処理 ……………………………………………………………………… 61

ペン ……………………………………………………………………… 124

ペンを下ろす ペンを下ろす …………………………………………… 125

変数 ………………………………… 90、100、115、144、163、169

変数を0にする ▼ を 0 にする ……………………… 98、101、104、163

変数をかえる ▼ を 1 ずつ変える ……………………… 98、101、115

変数をつくる 変数を作る ……………………………………… 101、117

保存 ………………………………………………………………………… 24

ま行

マスターマインド ………………………………………………… 138、144

待つ 1 秒待つ ………………………………………………… 46、55、111

まで待つ まで待つ ……………………………………… 86、99、109

向ける 90▼ 度に向ける ……………………………………… 29、64

(〜に)向ける マウスのポインター へ向ける …………………………… 78

メッセージ ……………………………………………………… 96、104、118

メッセージを送る `メッセージ1 ▼ を送る` …………………………………… 96、119

メッセージを受けとったとき `メッセージ1 ▼ を受け取ったとき` ………………… 96、119

もし〜なら〜 `もし ⬡ なら`
………………… 66、90、94、98、141、145、153、164、170、179

もし端に着いたらはねかえる `もし端に着いたら、跳ね返る` ……………… 22

ら行

乱数を出す `1 から 10 までの乱数` ……………………………………… 71、141

リスト …………………………………………………… 130、134、139

リストから削除する `すべて ▼ 番目を 干支（えと）▼ から削除する` ……………… 132

リストについかする `thing を 正解 ▼ に追加する` ………………………… 140

リストにふくまれる `正解 ▼ に ▢ が含まれる` …………………………… 141

わ行

割ったあまり `⬤ を ⬤ で割った余り` ………………………………… 136

アルファベット

X 座標を変える `x座標を 10 ずつ変える` ………………………………… 30

X 座標を指定する `x座標を 0 にする` …………………………………… 57

Y 座標を指定する `y座標を 0 にする` …………………………………… 57

＊著者紹介＊

入江 誠二 （いりえ・せいじ）

長崎県長崎市生まれ。10歳の時にパソコンと出会い、ゲーム
や音楽、CGなどさまざまなコンピュータの可能性に魅せられ
る。東京大学工学部卒業後はシステム開発会社に入社、エ
ンジニアやプロジェクトマネージャ、社内教育、企画の業務な
どを経て、現在はIoT関連のベンチャー企業に勤務。そのか
たわら週末はプログラミング教室NBiTでScratch/Unity/
Minecraft/VRなどを子供たちと一緒に楽しんでいる。

プログラミング教室 NBiT
https://nbit.jp/

＊イラスト＊

くにともゆかり

1993年生まれ。多摩美術大学グラフィックデザイン学科卒業。
広告制作会社を経てフリーに。イラストだけでなく、キャラクター
デザインも行っており、おもわずほっこりしてしまうようなイラ
ストレーションを目指している。

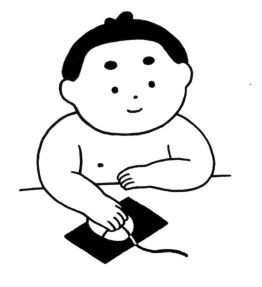

親子で学ぶ Scratch 学習ドリル

どすこい！
おすもうプログラミング

著者　　　入江誠二

イラスト　くにともゆかり

編集・構成　小泉森弥

デザイン　伊東秀子

発行人　　北原　浩

編集人　　川本　康

発行所　　株式会社 玄光社
　　　　　〒102-8716 東京都千代田区飯田橋4-1-5
　　　　　TEL：03-3263-3515（営業部）
　　　　　FAX：03-3263-3045
　　　　　http://www.genkosha.co.jp/

発行日　　2018年4月16日

印刷・製本　図書印刷株式会社

©2018 GENKOSHA Co.,Ltd.

JCOPY 〈(社)出版者著作権管理機構 委託出版物〉

本誌の無断複製は著作権法上での例外を除き禁じられています。複製される場合は、そのつど事前に、(社)出版者著作権管理機構（JCOPY）の許諾を得てください。
また本誌を代行業者等の第三者に依頼してスキャンやデジタル化することは、たとえ個人や家庭内での利用であっても著作権法上認められておりません。
JCOPY
TEL：03-3513-6969　FAX：03-3513-6979　e-mail：info@jcopy.or.jp

■当社の個人情報保護に関する方針（プライバシーポリシー）は、
http://www.genkosha.co.jp/privacy/ に掲載しています。